中国区际创新要素流动对经济增长的影响研究

ZHONGGUO QUJI CHUANGXIN YAOSU LIUDONG
DUI JINGJI ZENGZHANG DE YINGXIANG YANJIU

梁复荣 李秀敏 著

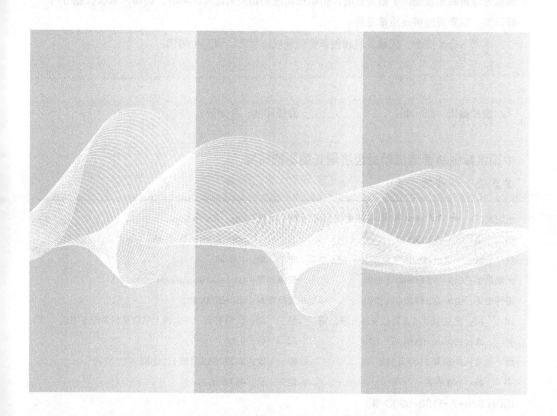

知识产权出版社
全国百佳图书出版单位
——北京——

图书在版编目（CIP）数据

中国区际创新要素流动对经济增长的影响研究 / 梁复荣，李秀敏著 . — 北京：知识产权出版社，2024.11. — ISBN 978-7-5130-9233-3

Ⅰ. F124.1

中国国家版本馆 CIP 数据核字第 2024Y21U01 号

内容提要

本书构建模型，分析了创新要素流动和区域吸收能力如何影响经济增长。通过中国省域面板数据进行空间计量经济学分析，发现创新要素流动不仅直接促进地区经济增长，还通过空间溢出效应惠及周边地区。更强的区域吸收能力显著增强了创新要素流动的经济效应。该研究为政策制定者提供了重要见解，指出在促进创新要素流动的同时，提高区域吸收能力同样重要，以实现经济高质量发展。

本书适合经济学、区域发展和创新管理领域的学者、研究生阅读。

责任编辑：苑　菲　　　　　　责任印制：孙婷婷

中国区际创新要素流动对经济增长的影响研究

梁复荣　李秀敏　著

出版发行：知识产权出版社 有限责任公司	网　　址：http：// www. ipph. cn
电　话：010—82004826	http：// www. laichushu. com
社　址：北京市海淀区气象路50号院	邮　编：100081
责编电话：010—82000860转8574	责编邮箱：laichushu@cnipr.com
发行电话：010—82000860转8101	发行传真：010—82000893
印　刷：北京中献拓方科技发展有限公司	经　销：新华书店、各大网上书店及相关专业书店
开　本：720mm×1000mm　1/16	印　张：9.25
版　次：2024年11月第1版	印　次：2024年11月第1次印刷
字　数：140千字	定　价：48.00元

ISBN 978-7-5130-9233-3

前　言

创新要素作为参与创新过程、体现创新能力、影响创新产出的重要资源，是新时代背景下我国实现创新驱动发展战略，实现长期经济增长的关键资源。与创新要素在区域内部的静态投入相比，创新要素在区域之间的动态流动能更好地引发空间知识溢出效应，提高创新生产效率，进而促进区域协调发展和长期经济增长。那么，如何加快创新要素在不同区域之间自由、高效、充分地流动，如何在更大程度上发挥好区域之间创新要素动态流动所引发的空间知识溢出效应，使创新要素服务于中国的创新驱动发展战略实践，便成为当前新经济地理学、创新经济学等发展领域中广泛研究的主题。基于此，首先，本书在大量参考相关文献的基础上进行文献综述，在界定创新要素、区际创新要素流动、空间知识溢出效应、区域知识吸收能力等概念的基础上，对区际创新要素流动、空间知识溢出效应、区域知识吸收能力和区域经济增长之间的逻辑关系进行了详细阐述。其次，本书详细回顾了相关的理论基础。基于新经济地理学的知识创新与扩散模型，从数理模型的角度分析了在存在区域知识吸收能力影响的条件下，区际创新要素流动通过空间知识溢出效应影响区域经济增长的作用机理。再次，在测算和衡量中国省际创新要素流动数量、各省份知识吸收能力及各省份实际经济增长的基础上，深入分析了创新要素流动（创新人员流动、创新资本流动、创新技术流动），区域知识吸收能力和经济增长的基本特征。从次，本书构建了区际创新要素流动和区域知识吸收能力影响区域经济增长的空间计量面板模型，实证分析了区际创新要素流动和区域吸收能力对经济增长的影响。

最后，本书根据研究结论得出政策启示。

本书主要分为六章。第一章主要梳理、回顾了与区际创新要素流动、区域知识吸收能力和区域经济增长有关的研究现状，重点阐述三个变量之间关系的相应文献。首先，该部分对创新要素的研究现状进行了梳理：相关文献包括创新要素的内涵特征、创新要素流动的内涵特征、创新要素流动的测算方法、知识吸收能力的内涵特征。其次，分别梳理了区际创新要素流动、区域知识吸收能力与经济增长的相关研究，并对这三个变量之间的关系进行理论阐述。最后，在汇总已有研究的基础上提出新的研究内容，选择合适的研究方法，提炼出本书的创新点及可能存在的不足。

第二章回顾了相关的理论基础。系统地回顾和探讨与区际创新要素流动、区域知识吸收能力、空间知识溢出与区域经济增长等相关的理论基础。在这一部分中，从经济增长理论、创新理论、要素流动理论、创新要素流动理论、知识溢出理论、吸收能力理论、新经济地理学理论及空间计量经济学理论等多个角度进行探讨。首先，梳理经济增长理论，包括经济增长的概述、新增长理论及空间视角下的经济增长理论，并深入研究创新理论，涵盖熊彼特的创新理论、区域创新系统理论和创新地理学等方面的理论观点。其次，探讨要素流动理论及这些流动对经济的影响效应。在创新要素流动理论方面，研究其表现形式和主要渠道及与之相关的空间特性。再次，深入研究知识溢出理论，包括其内涵、实现过程模型、影响因素分析及空间特性。从次，探讨吸收能力理论，包括概念、数理模型及影响因素。最后，介绍新经济地理学理论，包括其发展阶段、核心—边缘模型、全局溢出模型、局部溢出模型及知识创新与扩散模型，并讨论空间计量经济学理论，包括其起源、定义及分析方法。通过对这些理论的全面回顾和深入探讨，将为读者提供一个系统的理论框架，以便更好地理解和应用于后续章节中的实证研究内容。

第三章通过构建数学模型对区际创新要素流动、区域知识吸收能力与区域经济增长之间的关系进行理论分析。该部分从数理模型的角度，基于著名新经济地理学家、数学家藤田昌久（Masahisa Fujita）和雅克–弗朗科斯·蒂斯（Jacques-Francoise Thisse）提出的知识创新与扩散模型框架，对区际创新要素流动、区域知识吸收能力与区域经济增长之间的关系进行了理论推导分析。该部分剖析了由区际创新要素流动引发的空间知识溢出对区域经济增长的影响机理，以及区域知识吸收能力对于区际创新要素流动带来的经济增长效应的调节作用。本书进一步拓展了藤田和蒂斯的研究，探析了区际创新要素流动和区域知识吸收能力是如何影响经济增长的。本书的创新之处在于：在上述模型的基础上引入了区域知识吸收能力。本书与藤田和蒂斯的研究的差别在于：不仅探究了区际创新要素流动与空间知识溢出之间的内在关系，还强调了空间知识溢出效应将受到区域知识吸收能力的影响。本书认为，区际创新要素流动可以通过空间知识溢出促进经济增长，并且流入区域的知识吸收能力对于创新要素流入的经济增长效应具有正向调节作用。

　　第四章的核心内容主要是在对区际创新要素流动数量模拟测度的基础上，剖析区际创新要素流动的空间布局。其一，基于引力模型，分别构建了创新人才区际流量模拟测度引力模型、创新资金区际流量模拟测度引力模型，并且利用专利权转让统计数据直接衡量创新技术的区际流动，这也是本书的创新点之一。其二，在测算创新人才、创新资金和创新技术省际空间流动数量的基础上，分别探讨了区际创新人才流动、区际创新资金流动和区际创新技术流动的空间布局。该部分内容是深入了解我国省际创新要素流动具体空间布局及其时空演化情况的重要内容。

　　第五章利用空间计量经济学方法，通过构建区际创新要素流动和区域知识吸收能力影响区域经济增长的空间计量面板模型，实证分析区际创新要素流动和区域知识吸收能力对区域经济增长的具体影响。空间计量实证分析基于两种情形：第一种是不考虑区域知识吸收能力影响时，区际创新人才流动、区际创新资金流动、区际创新技术流动对区域经济增长的影响；第二种是考虑在区域知识吸收能力影响的条件下，区际创新人才流动、区际创新资金流动、区际创新技术流动对区域经济增长的影响。本书对两种情形的实证结果进行了深入比较分析，两种情形的实证分析结果显示：在地理距离权重矩阵下，区际创新人员流动、区际创新资本流动和区际创新技术流动均对区域经济增长存在一定程度的促进作用，进一步对空间效应进行分解后发现，三种创新要素区际流动对区域经济增长的直接效应及间接效应也均为正，表明三种创新要素的区际流动对本省份、周边邻近省份的经济增长均存在促进作用。同时，区域知识吸收能力对区际创新要素流动对经济增长的影响起到正向调节作用。也就是说，区域吸收能力越强的地区，区际创新要素流动对该地区经济增长的正向影响就越大。最后，进行了稳健性检验，发现研究结果总体是稳健的。

第六章先总结本书的主要研究结论和核心观点。然后，结合目前中国经济发展现状，从加快区际创新要素流动、加速空间知识溢出、加强区域知识吸收能力、提高知识溢出转化效率等角度提出适用于当前经济增长情况的政策建议。

目　　录

第1章 绪 论

1.1 研究背景与研究意义

1.1.1 研究背景

改革开放以来，中国经济高速增长，创造了增长奇迹，并于2010年成为世界第二大经济体。然而，与高速经济增长相伴的却是地区差距的扩大。1978—1989年，我国省际人均收入基尼系数上升了0.017，1990—1999年又上升了0.0563[1]。为此，从20世纪90年代起，党和政府将缩小地区差距、促进区域协调发展提升到了前所未有的高度，进入21世纪之后又先后开始实施西部大开发、东北等老工业基地振兴和中部崛起等区域发展战略，使我国的地区差距从2005年左右开始出现下降趋势。但是，截至目前，我国地区之间发展差距仍然比较明显，如2022年北京市的人均地区生产总值（全国最高）是甘肃省人均地区生产总值（全国最低）的4.23倍。由此看来，缩小地区差距、促进区域协调发展仍然是我国经济发展的长期战略任务之一。

创新对经济增长具有重要作用，是促进区域协调发展的重要保障。创新除了来源于直接的R&D（Research and Development）投入，还有一个额外的重要来源就是知识溢出。知识溢出是指通过知识交流而获得的智力成果，但是知识创新主体不能获得报酬，或者获得比知识本身价值低的报酬[2]。大量研究表明，知识溢出对区域创新具有重要影响，邻近地区的创新活动对本地区的创新产出具有明显的正外部性。例如，尚（Shang）等的研究表明创新活动在中国省域间具有显著的知识溢出效应，其中一个地区科研机构及大学（RI&U）的科研经费和科研人员每增加1个百分点，其他地区专利发明申请会增加约0.02个百分点和0.03个百分点[3]。何雄浪等的研究发现，知识在空间上的外溢对区域经济增长具有显著的正向作用，且一个省份人均专利申请量每增加1个百分点，邻近省份的生产总值增长率增加约0.11个百分点[4]。因此，促进知识在区域间的溢出，可以促进落后地区的经济增长，进而缩小地区经济发展差距。

学术界普遍认同的知识溢出的发生机制主要包括人才流动、贸易投资、技术转移、研发合作和企业家创业等[5]，而创新要素包括人才、资本、技术、基础设施、社会环境等要素。因此，创新要素流动是知识溢出发生的重要机制。例如，以阿尔梅达（Almeida）和科古特（Kogut）为代表的国外经济学者认为，携带知识的各种要素在空间上的流动是区域间知识和技术发生溢出和扩散的根本原因[6]。阿尔梅达和科古特以美国硅谷为对象进行研究，表明创新人才在不同企业和地区之间的自由流动，通过不同人群的交流，促进了知识的传播[6]。芬克（Funke）和尼布尔（Niebuhr）以德国为例，实证研究了跨越区域边界的高技术劳动力流动是区域间技术溢出的重要原因[7]。国内研究方面，黄明凤等指出，创新要素的跨区域流动有助于知识溢出进而提高区域创新效率，本地区R&D人员流出每增加1个百分点，邻近地区的创新效率会增加约1.17个百分点[8]。王正明等的研究表明，研发人员和研发资本流动对区域技术进步的空间溢出效应均占到总效应的50%以上[9]。为了更清楚地说明创新要素流动如何产生知识溢出，白俊红等将研发要素流动引入藤田-蒂斯的知识创新与扩散模型，从理论上证明了研发要素的区际流动能够引发空间知识溢出进而促进经济增长，并利用中国30个省份间的研发人员、研发资本流动数据实证发现研发要素流动对促进经济增长具有显著的空间溢出效应，且该效应分别占到增长总效应的约

65% 和 12%[10,11]。可见，借助区际创新要素流动的知识溢出，能缩小我国地区差距。因而，研究区际创新要素流动对经济增长的影响，是一项值得研究的重要课题。

从现实看，一系列举措为我国区域间创新要素有序高效流动提供了良好的创新环境。户籍制度的深化改革和高铁时代的到来，使得创新人才流动成本降低。同时，金融市场化程度不断加深、金融业数字化转型及金融科技时代的到来，使得创新资金在地区间的融通更为便利。此外，知识产权制度的日益完善和各省专利技术交易平台的相继建成，使得以信息、知识、技术等为代表的新型创新要素在区域间的流动更加便利。一个自然引申的问题便是：不同类型的创新要素在区域间的流动有何异同？各地区是否有效地通过其他地区的创新要素流入及伴随产生的知识溢出效应获得经济增长？厘清这些问题，将有助于政府有针对性地制定优化配置创新资源方面的政策，进而推动区域经济的协调发展。

本书将在白俊红等的理论基础上加入区域吸收能力要素，考虑在区域吸收能力作用下，创新要素流动对经济增长的作用机理。实证研究中，本书不仅使用重力模型研究了创新人员和创新资本这两种一般创新要素的流动，还使用专利权转让记录研究了以创新技术要素为代表的新型创新要素的流动，弥补了现有研究关于新型创新要素流动研究的不足。结果表明：创新人员流动、创新资本流动、创新技术流动均能直接促进地区经济增长，而且三种创新要素流动的空间溢出效应也均显著为正。同时，区域吸收能力在创新要素流动与经济增长之间起正向调节作用。本书的结论为加快区际创新要素流动，提高区域知识吸收能力，缩小地区发展差距提供启示。

1.1.2 研究意义

在现实意义上，一方面，本书的研究为优化创新资源的空间分布结构提供新的观点。在市场机制的驱动下，创新要素流动的最终结果是集聚在发达地区，发达地区的创新生产效率迅速提高。但是，创新要素过度集聚会由于拥挤效应导致边际生产率逐渐下降。通过分析全国范围内的创新要素流动的基本特征，掌握创新要素流动的规模和方向，识别出创新要素集聚增长极和创新资源匮乏区，为政府有针对性地制定区域科技政策和创新空间布局政策提供现实参考。另一方面，本书的研究为缩小我国地区间经济发展差距提供新的思路。随着全国创新要素流动总量的不断提升，创新要素在不同地区间的交流互动将更加频繁。相比于静态化的创新要素投入，创新要素的动态流动产生的空间知识溢出更有利于经济整体发展。因此，厘清创新要素空间流动引致的知识溢出及其对经济增长的作用机理，探究区域吸收能力对创新要素流动与经济增长关系的调节作用，有助于政府制定促进区域经济协调发展方面的政策。

在理论意义上，一方面，目前学术界对于创新要素流动的研究大多是实证层面的分析，缺乏从数学模型的角度深入分析创新要素流动对经济增长的影响机制，尤其缺乏将创新要素流动、区域吸收能力、空间知识溢出、经济增长纳入同一个模型框架进行分析的研究。本书在知识创新与扩散模型框架的基础上，将区域吸收能力引入研发与创新部门的知识溢出中，推导了区域吸收能力作用下创新要素流动对经济增长影响的内在机理，丰富了数理模型方面的研究。另一方面，现有关于创新要素流动的实证研究大多只关注以创新人员和创新资本为主的一般创新要素流动上，缺乏对以创新技术要素流动为代表的新型创新要素流动的研究。本书关注创新人员流动、创新资本流动和创新技术流动对经济增长影响的大小，并且从空间相关的视角研究了三种创新要素的区际流动对邻近地区经济发展产生的空间溢出效应，丰富了创新要素流动空间溢出效应的研究。

1.2 文献综述

1.2.1 创新要素概念的相关研究

经济合作与发展组织（OECD）研究了影响技术产品和流程创新的要素，并于1997年出版的《奥斯陆手册》中对创新要素作出了相应的阐述，认为创新要素是指支持创新的人、财、物等创新资源或者它们组合的机制[12]。国内学者郑刚认为影响创新的要素包括技术、战略、组织、文化、制度和市场[13]。在此基础上，许庆瑞区分了技术要素和非技术要素，认为技术要素（如物质资源、人才、资金、知识、信息等）是创新的资源基础，是创新成功的保证；非技术要素包括创新环境与创新网络，是全时空创新的必备条件[14]。但是，学者们开展相关研究时，对创新要素具体构成的界定还没有得到统一，本书将从要素论和系统论的角度对其进行介绍。

在要素论的视角下，创新要素是指创新活动中区别于传统生产要素的各类生产要素，即创新活动所需要的人、财、物等[15]。而创新资源包括人、财、物和信息等各种资源，是创新活动的物质基础[16]。因此，有学者将创新要素和创新资源视为等同[17]。一些学者认为，R&D人员和R&D资金包含了大量与创新有关的知识，可看作基本的创新要素[18]。随着时代的发展，创新生产要素的内涵被不断拓宽，以技术、信息、制度、数据等为代表的新型创新要素不断得到重视[19]。此外，高新技术产业体现了创新成果的商业化运用，关系到创新能力的强弱，因此有学者研究了产业创新要素[20]。

在系统论的视角下，创新要素的构成可以被划分为创新资源要素、创新环境要素及创新主体要素[21]。关于创新资源要素，在微观层面上主要指企业内部的人才、资本、知识和信息等资源；在中观层面上是指来自企业外部的组织间资源；在宏观层面上泛指整体区域内创新型企业的数量和人才的质量[22]。关于创新环境要素，既包括创新基础设施等硬环境，也包括市场、文化、社会、政策、制度等软环境[23]。关于创新主体要素，一般认为企业、大学、科研单位、中介机构及政府部门等是创新系统的创新主体[24]，是各种创新资源和创新环境的拥有方、提供方和使用方，如企业、大学和科研单位拥有大量的知识、技术和人才；中介机构提供资金或信息；政府负责制定创新政策[25]。此外，朱苑秋认为直接创新要素包括技术、人才和资金，而间接创新要素包括环境、政策和基础设施[26]。

1.2.2　创新要素流动测算的相关研究

本部分将从人才、研发资本和创新技术这三个方面评述创新要素流动测算的相关研究。

目前学术界对人才流动的测算方法大致可以分为三种：第一种是基于拉文斯坦（Ravenstein）的移民引力模型，从推力、吸引力和地区间距离的角度对人才流动进行估算，它可以抽象为 $G_{rs} = M_r M_s R_{rs}^{-b}$ [27]。在具体应用时，大多数学者将推力 M_r 表示为 r 地区的研发人员数，但是吸引力 M_s 的形式则尚未得到统一。例如，白俊红将 M_s 表示为 s 地区的人均生产总值，张治栋则将 M_s 表示为平均工资[18,28]。再如，一些学者将 M_s 分别优化为 s 地区和 r 地区的工资差值及房价差值的组合或工资比值及生产总值比值的组合[10,29]。第二种藤田和亨德森（Henderson）提出的地区人口净变动测算法（简称F–H法）[30]。例如，陈晓利用就业研发人员的净变动测算出人才的流动量[31]。而赵伟和李芬则通过地区人口净变动和按受教育程度划分的人口比例推算出人才的流动量[32]。第三种是实际调查法，如王春杨从"百度迁移"数据库中搜集人才流动的数据[33]。

关于研发资本流动的测算，现有文献多数采用引力模型。例如，国外学者贝格施特兰德（Bergstrand）和艾格（Egger）使用引力模型方法估算了研发资本的跨国流动[34]。国内学者较为一致地将推力 M_r 表示为 r 地区的R&D资本存量，但在吸引力 M_s 的具体形式上却不尽相同。例如，蒋天颖将 M_s 表示为 s 地区的

R&D资本存量，韩军则将M_s表示为利润率[35,36]。再如，白俊红将M_s表示为r地区与s地区之间利润率之差及市场化指数之差的组合，而宋炜将M_s表示为企业利润率之差、市场化程度之差及资产收益率之差的组合[10,37]。又如，一些学者将M_s表示为r地区和s地区之间利润率之比及市场化发展水平之比的乘积[29,38]。除引力模型外，陈晓借鉴李小平等测算资本流动的方法，利用地区研发资本存量在全国中的占比的相对变化测算省际R&D资本的流动[31,39]。

现有文献主要使用三种方法测算创新技术的流动。第一种是利用与技术流动直接相关的数据对其进行衡量。例如，大多数学者使用技术市场合同成交金额反映地区间的技术流动强度[40,41]。为了更准确衡量技术流动量，有学者基于技术购买经费支出、双边合同成交金额等构建指标体系进行衡量[42]。也有学者利用地区间专利引用数据衡量技术信息的流动[43]。随着数据可得性的提高，专利权转让数据被越来越多学者用于地区间技术流动的研究[44,45]。第二种是利用地区新专利申请增长率表示地区间的技术扩散[46]，国内学者张辽等沿用这种方法对技术流动进行了研究[47]。第三种是基于引力模型对技术流动进行估算，如吕海萍将技术市场合同成交数作为推力M_r，将技术吸收水平和产业结构水平作为吸引力M_r，测算出省际创新技术流动量[29]。

1.2.3 创新要素流动对经济增长影响的相关研究

本部分将从创新要素流动、空间知识溢出、区域吸收能力与经济增长之间关系的研究展开评述。一是创新要素流动对空间知识溢出影响的研究。阿尔梅达和科古特认为人才在空间中自由流动会产生有意识或无意识的交流，使知识特别是隐性知识得以更好传播，进而促进了知识溢出[6]。伊顿（Eaton）和科尔图姆（Kortum）认为货物贸易和外商直接投资（FDI）都是跨国知识溢出的重要渠道，其中货物贸易发生物化型的知识溢出，而FDI通过示范、合作、模仿、竞争等过程加速了知识溢出[48,49]。乌鲁古（Ulku）和帕慕库

（Pamukcu）认为技术流动通过直接提供新技术的方式实现了知识的转移和溢出[50]。南旭光认为区域间人才流动不仅对流入地产生知识溢出，而且回流效应也给流出地带来知识溢出[51]。白俊红和蒋伏心认为由于R&D人员和R&D资本嵌入了丰富的知识和信息，其跨区域流动必将带来知识溢出[18]。殷德生等认为区域间技术流动通过生产过程的"干中学"效应和人力资本累积效应产生知识溢出[52]。

二是创新要素流动对空间知识溢出与经济增长关系的影响研究。尽管以上研究阐述了人才、资金、技术等的流动可促进知识溢出，但却缺乏从数理模型的角度对创新要素流动、知识溢出和经济增长之间关系进行推导证明，为此国内外学者做了一些有益探索。例如，藤田和蒂斯构建了一个增加了R&D部门的CP模型，该模型表明高技能劳动力的区际流动影响R&D部门的知识生产，而高技能劳动力集聚产生的知识溢出效应，使得核心地区和边缘地区的总收益及福利水平均有所提高[11]。贝林特（Berliant）和藤田构建的TP模型则更为深入地探讨了R&D部门中人才互动产生的知识溢出对经济增长产生影响的微观结构，该模型认为人才拥有的知识具有异质性，有共同知识基础的两个人有合作交流以获取对方特有知识的倾向，由此产生的知识溢出影响知识生产和经济增长[53,54]。藤田和蒂斯及贝林特和藤田提出的模型分别构成了新经济地理学知识创新与扩散模型的宏观和微观基础，是利用数理模型研究知识溢出的重要方向。在藤田和蒂斯基础上，白俊红将创新要素流动与空间知识溢出两者分离开来，证明了创新要素流动通过引致空间知识溢出进而推动经济增长的内在机理，并且认为该模型同样适用于R&D资本流动[10]。在白俊红的研究基础上，贺渊哲认为加入跨期决策条件后，消费者会注重未来消费，使得创新要素流动对空间知识溢出和经济增长的影响结果更大[55]。

三是区域吸收能力对空间知识溢出与经济增长关系的影响研究。区域吸收能力是区域识别、获取、消化与利用外部知识的能力[56]。卡尼尔斯（Caniëls）的研究表明，区域吸收能力决定知识溢出的大小[2]。凯勒（Keller）

认为，东道国能否成功从国际知识溢出中获得经济增长，关键取决于东道国的知识吸收能力[57]。何雄浪将吸收能力引入外资部门对内资部门知识溢出的理论模型，并通过实证发现吸收能力促进了中国华东地区FDI溢出效应对经济增长的影响，却降低了中国西南地区FDI知识溢出效应的发挥[58]。王军和常红将吸收能力引入罗默模型，并利用中国省级数据证实了吸收能力和知识溢出均能促进经济增长，且吸收能力在知识溢出与经济增长之间起到正向调节作用[59]。朱丰毅和桂文林将知识吸收能力引入埃尔图尔–科赫（Ertur-Koch）模型，证明了各个区域吸收能力的趋同是通过空间知识溢出实现区域间经济收敛的关键[60]。

1.2.4　现有文献的总结及评述

首先，创新要素的概念内涵十分丰富。学者们在开展相关研究时主要从要素论和系统论两个视角对创新要素的具体构成进行界定。要素论视角界定的创新要素是不同于传统生产要素的高级化生产要素，主要包括人才、创新资金、技术、信息、制度、数据及高技术产业等。系统论视角界定的创新要素包括创新资源要素、创新环境要素和创新主体要素。要素论界定的创新要素类似于系统论中的创新资源要素，但二者存在略微区别，体现在前者认为制度属于一种生产要素，而后者将制度划分在创新环境要素之中。鉴于此，本书将创新要素界定为人才、研发资本、创新技术及基础设施、政策、制度等要素，并重点研究人才、研发资本、创新技术三类可流动的创新要素。

其次，对创新要素流动进行研究必然涉及测算方法的选择。当前对于创新要素流动测算的方法并未形成统一的标准，当前研究主要涉及引力模型测算法、变动率测算法及实际数据表示法。由于现有的统计资料缺乏创新人员和创新资本流动数量的直接相关数据，引力模型法已经成为目前测算这二者的主流方法，但是吸引力的具体形式尚未得到统一。相比之下，由于存在创新技术流动的代理指标，学者们常使用直接相关的数据对其进行衡量，并且以专利权转让数据代理省际创新技术流动已经成为新的研究趋势。鉴于此，本书借助引力模型对创新人员、创新资本的流动进行间接测算，使用专利权转让数据对区域间的创新技术流动进行直接衡量。

最后，在创新要素流动、空间知识溢出、区域吸收能力与经济增长的相关文献中，一方面，关于人员、资金、技术等创新要素流动促进知识溢出的研究较为丰富，但是从数理模型的角度深入证明创新要素流动对空间知识溢出影响机制的文献却相对较少。虽然白俊红等在知识创新与扩散模型基础上完善了创新要素流动通过空间知识溢出影响经济增长的细节，但却忽略了区域吸收能力是影响知识溢出和经济增长的关键。另一方面，虽然与区域吸收能力相关的研究澄清了区域吸收能力是影响知识溢出和经济增长的关键，但是缺乏从创新要素流动的视角对知识溢出进行研究。总之，目前鲜有文献将创新要素流动、空间知识溢出、区域吸收能力及经济增长四者纳入同一个模型框架进行研究。

1.3 研究框架

1.3.1 研究目标

本研究的总体目标是从理论和实证两个方面研究创新要素流动对经济增长产生的影响，提出促进我国区域协调发展的政策建议。具体分为以下三个子目标。

（1）揭示创新要素流动、区域吸收能力对经济增长的影响机理。扩展白俊红的模型，从理论上分析创新要素流动、区域吸收能力对经济增长的影响。

（2）分析中国省际要素流动和区域吸收能力的基本特征。运用引力模型测算中国省际创新人员、创新资金的流动指数，利用专利权转移衡量中国省际创新技术的流动数量，分析中国省际要素流动的基本特征；并运用综合评价方法测算中国各省对创新扩散的吸收能力，分析中国各省对创新扩散吸收能力的基本特征。

（3）提出缩小地区差距、促进区域协调发展的政策建议。

1.3.2 研究内容

基于研究目标，本书将重点研究以下四点内容。

（1）创新要素流动、区域吸收能力对经济增长的影响机理。扩展新经济地理学知识创新与扩散模型。受卡尼尔斯的启发，将区际知识溢出表示为区域吸收能力的函数，将区域吸收能力引入白俊红等的模型[2,10]。在此基础上，探讨在考虑区域吸收能力影响知识溢出的情况下，创新要素流动影响经济增长的作用机制，构建起本书的理论模型。

（2）中国省级区域创新要素流动、区域吸收能力和经济增长的基本特征。分三部分内容：一是运用引力模型测算并分析中国省际创新人员和创新资本流动的基本特征，以省际专利权转移作为创新技术流动的分析指标，分析省际创新技术流动的基本特征；二是构建综合指标体系并运用主成分分析法测算并分析各省吸收能力的基本特征；三是以地区生产总值及其增长率为指标分析中国经济增长的地区格局。

（3）中国区际创新要素流动、区域吸收能力对经济增长影响的实证检验。使用中国省级面板数据实证检验中国区际创新要素流动对经济增长的影响。在设定空间权重矩阵的基础上，利用空间计量经济学模型，实证分析中国省际创新要素流动对经济增长产生影响的结果。通过空间效应分解，分解出创新要素流动对经济增长影响的直接效应、间接效应及总效应。同时，构建调节作用模型，分析区域吸收能力在创新要素流动和经济增长关系的调节作用。

（4）缩小地区差距、促进区域协调发展的政策。基于中国的现实背景，结合以上分析结果，为引导区域间创新要素合理流动，优化创新资源配置，缩小地区发展差距，进而促进区域协调发展提供政策建议。

1.3.3 研究方法

在研究中主要采用以下五种研究方法。

（1）文献研究法。通过关键词"创新要素""创新资源""研发要素""R&D""知识溢出""经济增长"等中英文关键词在相关网站上搜集、阅读、整理、分析国内外大量相关文献。

（2）数理分析法。利用新经济地理学模型，在已有研究的基础上加入了区域吸收能力变量，推导证明了在区域吸收能力影响空间知识溢出情况下创新要素流动对经济增长影响的作用机理。

（3）引力模型。使用引力模型对创新人员流动、创新资本流动进行间接测算。

（4）数据挖掘技术。使用数据挖掘技术从国家知识产权局专利服务平台获取专利权转让记录，经整理统计后用于创新技术流动的直接衡量。

（5）空间计量分析方法。运用空间计量经济学方法和模型进行回归分析，可以得到创新要素流动对经济增长影响的总效应，通过空间效应分解，可以从总效应中分解出直接效应和空间知识溢出效应。

1.3.4 创新与不足

本书的主要创新点有两个方面。一方面，本书将区域吸收能力引入知识创新与扩散模型之中，把创新要素流动、区域吸收能力、空间知识溢出与经济增长四者纳入同一个框架进行分析，推导出在区域吸收能力影响空间知识溢出的情况下，创新要素流动对经济增长的影响，使得模型更加符合实际。另一方面，与现有大多数只关注创新人员、创新资本两种创新要素流动的文献不同，本书研究了创新人员、创新资本、创新技术三种创新要素的流动，不仅使用引力模型对创新人员、创新资本的流动进行间接测算，还使用专利权转让大数据对技术创新要素流动进行直接衡量。

本书的不足之处在于：其一，影响空间知识溢出的因素有很多，本书仅将区域吸收能力因素引入知识创新与扩散模型，并且在引入模型时增加了相应假设，因此离现实经济仍有不小差距；其二，在使用引力模型测算创新人员流动和创新资本流动时，在测算指标的选择上也相对简化，并不能涵盖所有影响创新人员流动和创新资本流动的因素，使得测算结果在一定程度上存在偏差。

第2章 理论回顾

2.1 经济增长理论

2.1.1 经济增长理论概述

经济增长理论涉及一个国家实现经济增长的规律性总结和理论提炼，一直是经济学界长期关注的重要议题。主要理论学派包括古典主义学派、结构主义学派、新古典主义学派、演化发展经济学派、新结构主义学派等。

20世纪40年代之前，古典主义学者在古典经济学框架下对经济增长问题进行研究，代表人物包括亚当·斯密(Adam Smith)、马尔萨斯（Malthus）、大卫·李嘉图（David Richdo）、马克思（Marx）、熊彼特（Schumpeter）等[61]。其中，亚当·斯密认为人口数量和劳动生产率对国民财富增长起决定性作用，马尔萨斯发现经济增长中人口呈现几何级数增长的风险，大卫·李嘉图指出人口和土地等要素对经济增长的重要作用，并强调要素持续投入对经济增长的边际收益递减，马克思在阐释资本主义生产方式演变逻辑的基础上提出了社会再生产理论，熊彼特则强调了创新和企业家精神在经济增长中的重要作用。古典主义的经济发展理论基本剥离了经济发展过程中的结构、要素禀赋等因素，特别强调从投入要素本身出发研究经济发展及其影响因素问题[62]。

20世纪四五十年代，经济增长理论基本形成，结构主义在其中占据主导地位。结构主义经济学通常以经济系统的结构问题为研究对象，旨在探索经济发展中的结构特征、变化规律及相应的资源配置机理等[63]。结构主义理论强调，在发达国家与发展中国家并存的二元结构背景下，发展中国家的贫困将会呈现出恶性循环状态，这种循环通常可以通过计划发展、资本投资特别是工业化发展来打破。不同的结构主义发展经济学家提出了不同的工业化发展模式：罗森斯坦-罗丹（Rosentein-Rodan）强调各工业部门的平衡推进和平衡发展，赫希曼（Hirschman）则认为不同工业部门应该有先行和后续之分，需要不平衡地推进不同工业部门的发展，罗斯托（Rostow）则阐释了经济发展可能存在不同的阶段，刘易斯（Lewis）则强调了工业发展中农业部门剩余劳动力及其转移的重要作用。结构主义的发展经济学家一般会否定对外贸易在经济发展中的作用，强调进口替代战略是发展中国家发展中的重要战略，例如，辛格（Singh）认为初级产品外贸会恶化出口国的贸易条件，普雷维什（Prebisch）以此建立了中心—外围理论。

20世纪60年代末期至20世纪90年代，新古典主义学派强烈批判了结构主义学派中否定自由贸易的观点。新古典主义学派强调，经济发展问题融合到古典经济学的分析框架中，按照古典主义的理论框架构建起学科体系并解析经济发展问题。鲍尔（Bower）、哈勃勒尔（Haberler）和舒尔茨（Schultz）等代表人物主张市场的重要作用，并提倡通过扩大出口贸易来促进经济发展[64]。新古典主义学派推崇自由贸易和古典主义，但忽视了经济发展中的要素禀赋和结构特征。

21世纪以来，经济增长理论主要涌现了演化发展经济学、新结构主义等两种学派。其中，演化发展经济学与新古典主义学派形成鲜明对立，继承了古典重商主义、德国历史学派等核心观点，强调对幼稚工业的保护，鼓励效仿与赶超，反对自由贸易和按照比较优势制定产业政策[65-67]。新结构主义学派则基于对结构主义学派和新古典主义学派思想的综合吸收[68-70]。林毅夫强调在遵循结构主义和古典主义双重理论逻辑下探讨经济发展及其影响因素问题，其核心逻辑在于经济发展必须立足于要素禀赋及其结构，在架构有效市场和有为政府的基础上，充分发挥比较优势和产业政策作用，高效激活企业的内生动力[71]。

2.1.2 新增长理论

20世纪80年代中叶，罗默（Romer）和卢卡斯（Lucas）等经济学家在新古典增长理论的基础上进行了改进，创新性地提出了新增长理论。他们对新古典增长模型的规模报酬不变、要素边际报酬递减及外生技术进步等观点进行了改进。根据新增长理论对市场结构的不同假设，可分为完全竞争条件下的新增长理论和垄断竞争条件下的新增长理论两种主要类型。

完全竞争条件下新增长理论的模型可以划分为两种类型，包括马歇尔外部经济（Marshall externality）的内生增长模型和凸性生产技术条件下的内生增长模型。本书将着重介绍与本研究相关的马歇尔外部经济的内生增长模型。最早运用外部性来解释经济增长的模型可以追溯到阿罗（Arrow）的干中学模型，但该模型中知识溢出效应受限，难以成为推动经济增长的主要动力。在阿罗干中学模型的基础上，罗默提出了著名的知识溢出增长模型[72]。在这个模型中，罗默利用数理推导证明了知识的溢出足以弥补生产要素的边际收益递减性，从而能够实现经济的长期稳定增长。在阿罗的干中学模型和罗默的人力资本增长模型的基础上，卢卡斯构建了人力资本溢出增长模型[73]。在该模型中，卢卡斯运用人力资本的外部性来解释技术进步，人力资本的持续积累被认为是经济增长的重要源泉，与人口增长等外生变量是无关的。

在垄断竞争的框架下，新增长模型主要是在迪克西特-斯蒂格里茨垄断竞争模型（Dixit-Stiglitz Model）的基础上建立的。其中，垄断竞争框架下的新增长模型主要有两种主要类型，分别是产品种类增加型和产品质量提升型。其一，产品种类增加型技术进步主要研究包括了罗默构建的垄断竞争框架下的增长模型。在这个模型中，技术进步主要体现在中间产品种类的增加，这种中间产品种类的增加保证了内生经济增长的持续动力[74]。接着，罗默在此基础上增加了人力资本和研发部门，并发现知识积累可以提升厂商的生产率水平，降低生产成本。此外，产品的多样化也能够提高生产率水平，从而在规模收益递增条件实现了最终产品的生产[75]。其二，产品质量提升型技术进步的主要研究包括了格罗斯曼（Grossman）和赫尔普曼（Helpman）的观点。他们指出技术进步有助于提高产品的质量，从而激励企业进行创新活动，促进经济增长[76]。

2.1.3　空间视角的经济增长理论

空间视角的经济增长理论是当代经济学对人类最伟大的贡献之一，也是当代经济学中最激动人心的领域。空间经济学是在区位论的基础上发展起来的多门学科的总称。它研究的是空间的经济现象和规律，研究生产要素的空间布局和经济活动的空间区位。既然经济的全球化加速了生产要素在世界范围内的流动，既然一国之中生产要素的流动并无更多的限制，为什么仍有那么多经济活动的集聚？在经济开放和贸易自由化的背景下，一国经济活动的区位会发生什么样的变化？在区域经济一体化的进程中，一国或一个地区是赢得"中心"地位，还是沦为"外围"？一个国家或地区如何参与国际分工？

随着空间经济学的兴起，学者们开始关注到要素的流动及知识溢出效应对区域经济增长之间的关系。马歇尔认为，集聚主要通过三种不同的外部经济影响实现区域经济增长，即本地知识溢出效应、本地专业化劳动力池效应及市场规模扩大带来的中间投入品规模效应。杜兰顿（Duranton）和普加（Puga）指出，本地化经济的强度并非固定不变，不同部门或企业之间的本地化经济效应存在差异。通过对市场情况进行详细分析，可以进一步提升对本地化经济的研究水平[77]。波特（Porter）也强调了本地化经济的关键作用，指出知识在空间上的溢出有助于推动经济增长[78]。哈里森（Harrison）等指出，经济活动具有经济、社会、政治和文化属性，这些属性在城市地区内的集聚有助于激发创新行为并引发区域间的增长差异[79]。鲍德温（Baldwin）和马丁（Martin）从资本流动性和知识溢出效应两个方面分析了集聚与增长之间的关系，得出集聚有利于经济增长的结论[80]。

20世纪50年代，人力资本概念首次被明确提出，随后与人力资本相关的理论研究逐渐成为学者们关注的重点。以罗默和卢卡斯等为代表的新增长理论将人力资本作为决定经济增长的重要要素之一，并提出了著名的人力资本模型。他们分析了人力资本的形成和积累对经济增长的贡献，并得到了大量实证研究的验证。然而，新增长理论对人力资本的分析主要基于空间均质的假设，与实际情况存在不符。携带知识和技术的人力资本及物质资本等要素，与其他生产要素一样，其在区域间的流动也受到空间异质性和经济发展条件等因素的影响。在循环累积的作用下，这些要素会形成集聚或者均衡状态。

目前，对人力资本集聚的研究已成为研究的热点之一。学者们通常以新经济地理学的基本模型为基础，从多个角度分析人力资本集聚与经济增长之间的关系。藤田和蒂斯在研究中区分了高技能劳动力和低技能劳动力对经济增长作用的差别，并从理论上论证了人力资本集聚对区域经济增长及其福利变化的作用[11]。鲍德温等在模型中引入了企业家这一具有高度流动性的生产要素，并且他们发现市场规模的扩大会进一步吸引企业家在该地区集聚，从而促进该地区的经济增长[81]。亨德森在其构建的区域内生增长模型中对人力资本集聚与经济增长之间的关系进行了严格的分析[82]。贝伦斯（Behrens）分别对人力资本积累、选择及集聚效应对城市发展的影响进行了分析，研究结果表明，人力资本在城市空间的集中有助于提升城市劳动生产率[83]。

与人力资本不同，金融资本的特点是非实体性。因此，目前分析金融资本的论文普遍没有考虑地理因素的影响，认为金融资本在地理空间上是同质的。主要的理论研究包括熊彼特的金融促进论、戈德史密斯（Goldsmith）的金融发展理论及麦金农（Mckinnon）和肖（Shaw）的金融抑制理论。在经验研究方面，主要有金（King）和莱文（Levine）、王志强、赵振全、武志等学者的研究。这些理论和实证研究分析严谨，研究规范，深入探究了金融资源和金融发展对经济增长的作用。然而，这些研究都建立在空间同质性的假设之上[84-87]。实际上，从现实角度来看，资本流动和区域金融发展具有明显的空间差异性特征，这种空间差异性使得金融资本表现出空间非均衡分布形态，导致了地理上的集聚化发展趋势。

资本流动不仅能够显著推动区域间金融资源的合理配置，节约资金周转时间，降低交易费用，还能促进区域间和各金融机构之间的信息交流，从而实现规模经济。戴维斯（Davis）分析了14个国家的跨境资本流动数据，发现信息市场的效率对金融交易效率有显著影响[88]。徐（Seo）基于市场摩擦理论进行了广泛的实证研究，从规模经济、信息溢出效应、市场流动性（向心力）、政府干预、地方保护、市场进入成本（向心力）等角度分析了资本流动和金融集聚中心形成的原因[89]。潘英丽指出，资本的流动和集聚降低了融资成本和投资风险，从而促进了经济增长[90]。连建辉等还指出，金融产业集聚能够有效促进经济增长[91]。李林等运用空间计量经济学方法实证检验了金融集聚对中国区域经济的影响，发现金融资本集聚具有显著的集聚效应和空间溢出效应[92]。

2.2　创新理论

2.2.1　熊彼特的创新理论

在《经济发展理论》一书中，经济学家熊彼特详细讨论了创新和企业之间的密切联系，并首次明确界定了"创新"的概念。他被一致认为是最早把创新的研究引入经济发展领域的专家之一。熊彼特在其创新理论中强调，技术革新和生产方式的改革是推动经济发展的核心力量。熊彼特提出的"创造性破坏"

理论强调，经济的动态不平衡状态是经济健康运行的标志。企业通过推出新产品和服务，打破了市场的现有平衡。正是这种通过创新打破平衡的行为，创造了获得超常利润的可能，而这一过程主要通过创新驱动的竞争来实现。

熊彼特进一步阐述了创新的五个方面。第一，推出新产品——对消费者而言尚属陌生的产品，或是赋予已有产品新的特性。第二，引入新的生产技术，这指的是在相关产业中还未经实践证明的生产方法。这种方法并不必须基于最新的科学发现，同样适用于商业领域中对产品的新处理方式。第三，进入一个新的市场，这个市场对于相关国家的特定制造部门来说是全新的，无论该市场在此之前是否已被其他部门或国家探索过。第四，掠取或控制原材料或半制成品的一种新的供应来源，无论这种来源是已经存在的，还是第一次被创造出来的。第五，创新形式涉及工业的新组织方式，如建立垄断（如通过成立托拉斯）或者破坏现有的垄断格局。后来，人们把他的这些观点总结为五大类型的创新：产品创新、技术创新、市场创新、资源配置创新和组织创新。这里的"组织创新"还涵盖了一定的制度创新元素，尽管这主要指的是在早期阶段较为狭窄的制度创新。

熊彼特还阐述了经济周期的结构，认为一个长期周期由六个中等长度的周期组成，而每个中等周期内又细分为三个短期周期。具体而言，这些短期周期通常持续40个月左右，中期周期的长度约为9年至10年，而长期周期的跨度则在48至60年之间。熊彼特将重大的创新事件作为划分这些不同周期的标志。他将资本主义经济的演进划分为三个主要的长波周期，根据创新的浪潮进行区分：第一波为1787—1842年，这一时期标志着工业革命的兴起与发展；第二波为1842—1897年，这个阶段主要由蒸汽机和钢铁技术主导；第三波从1898年开始，进入了电力、化工和汽车产业的时代。在第二次世界大战结束后，一系列杰出经济学家投身于创新理论的研究与扩展。自20世纪70年代起，学者们如门施（Mensch）、弗里曼（Freeman）和克拉克（Clark）运用现代统计技术对熊彼特的理论进行了实证检验，并对其理论进行了深化与发展，这一学派随后被命名为"新熊彼特主义"和"泛熊彼特主义"。随着21世纪的到来，信息技术的崛起推动了知识社会的形成，同时加深了我们对创新作用的认识。科学领域对技术创新的理解已经发生了转变，现在看来，创新是由众多创新者和因素之间的复杂互动造成的，呈现出一种复杂的涌现模式。在这个模式中，技术进步和应用创新互为因果，形成了一种"创新双螺旋结构"，共同促进了社会的发展进步，在新世纪的探索与实践中，以人为本的创新2.0模式逐渐受到重视，这种模式强调价值的实现和用户的参与，标志着对创新认识的一种更新。

熊彼特认为，创新的核心是"创造新的生产函数"，即对生产要素进行"重新组合"。这涉及在生产体系中，将生产要素和条件以全新的方式结合，从而实现对它们的重新配置；在这个过程中，企业家扮演着资本主义系统中的关键角色，其主要任务是推动创新和引入新的业务模式。资本主义经济的发展本质上是通过这种持续的创新来推动的，其核心目标是实现新的商业结合，以获取最大的潜在利润，也就是追求超额利润的最大化。经济周期的起伏，实际上是由创新的不连续性和不平衡性引致的。不同的创新活动对经济的推动效果各异，从而导致各不相同的经济周期出现。熊彼特坚信"创新"是推动资本主义经济增长和进步的核心动力，缺乏创新，资本主义就无法进一步发展。

新熊彼特主义经济学的研究者们揭示了科技与市场需求之间存在着错综复杂的互动关系，其核心动力的驱动因素各异，逐步形成了强调"技术创新"与"制度创新"的经济思潮。在这种背景下，"技术创新"学派专注于探讨如何将新技术和新知识商业化及其在市场上的传播，涵盖了产品开发、工艺改进、服务创新及生产模式的革新等多个领域。技术革新是促进经济扩展和增强竞争力的关键因素，它能够重塑行业框架、提升生产能力、开辟新的市场前景，从而实现持续而高效的经济进步。"制度创新"学派主张通过制度的革新来推动创新。这种创新涉及对社会、经济及政治体系的根本改革，尤其是在法律、政策和规章等层面上的更新。制度创新对经济的增长有着重要影响，不仅能够为创新行为提供必要的支持与保障，还能够激发创新的潜能，并且使创新成果的应用和商业化过程更加顺畅。新熊彼特经济学把"制度创新"与"技术创新"当作经济增长的关键推动力，这两种创新不仅相互影响，也相互依赖，共同促进经济的发展进程。在熊彼特的理论框架中，创新不仅改变了生产方法和资源的配置，还是推动经济不断前进和变革的关键动力。

2.2.2　区域创新系统理论

创新系统概念起源于国家层面。创新被视为一种系统化行为，国家创新系统包括多个相互关联的机构，这些机构共同致力于创造、储存和传递知识、技能及具备新技术特征的产品[93]。国家经济发展与创新系统之间存在密切的联系。创新系统的灵活性和效率对经济发展的速度和质量有显著影响。一个僵化且缺乏灵活性的创新系统会阻碍新知识的产生、传播和应用，进而降低经济增长的速度[94]。

区域创新系统的研究源自对国际及国家层面研究的扩展，同时也受到区域经济现象普及的启发。库克（Cooke）首次对"区域创新系统"的内涵进行了界定[95]。随后，库克等人指出区域创新能力是由企业和科研机构等创新主体在区域创新系统中共同建立，并通过与创新环境系统的互动，开展科技创新活动而增强的。纳尔逊（Nelson）描述区域创新系统为一个综合性系统，涵盖了制度、法规、实践和组织等多个方面[96]。考科门（Kaukomen）提出"区域技术创新"概念，强调区域技术创新需与产业发展保持协调，以确保技术进步为相关产业的发展提供必要的支持和服务[97]。豪克内斯（Hauknes）突出了信息流在区域能量交换中的核心作用，并认为区域创新系统是区域科学发展进入新阶段的具体体现[98]。此外，格里利奇（Grillitsch）等提出制度和企业共同构成创新行为的基石，企业与制度的互动是构建完整产业集群的关键，而产业集群的形成是组建区域创新系统的基石[99]。

随着学术界对区域创新系统的研究不断深入，其定义逐渐变得清晰，研究内容也更为丰富，涉及多个层面和关键要素。从结构与组成的角度来看，区域创新系统构筑了一个复杂的生态网络，它通过合作、竞争及知识交流促成了一个创新的生态系统[100]。在不同尺度上，区域创新系统被分为国家、区域与企业三个层次。关于创新要素，区域创新系统分为创新主体、创新环境和创新资源这三个核心组成部分[101]。从创新动态和知识流动的视角分析，创新动态突出了区域创新系统在从创新规划、实施、监控到研发和支持等各环节的全面涵盖。而从知识流动的角度，区域创新系统可被细分为知识创造、知识扩散、知识应用和知识创新四个子系统，这些子系统突出了知识在系统内的流动与转化[102]。

区域创新系统被定义为在特定地理范围内，频繁且密切地与区域企业的创新投入相互作用的创新网络和行政支撑体系。该系统的理念主要源自创新系统和区域科学的研究。在创新系统文献中，创新被视为一个逐渐演化的社会过程，技术创新被认为是众多行为主体间相互激励和影响的结果，并受到企业内外部众多因素的影响，这体现了对技术创新过程的理解从单一企业及其内部向多主体及网络化过程的转变。创新的社会属性不仅涉及与公司外部的其他公司、知识提供者、金融部门和培训部门的合作，还包括公司内部各部门之间的集体学习过程，如R&D部门、商业化部门、生产部门、市场部门等。新区域科学和现代区域发展理论进一步强调了集体学习和地方社会文化环境的重要性，这种环境通过地理邻近促进各行为主体的相互学习及技术的创新、扩散和积累。相应地，区域科学的研究不仅关注了邻近性的作用，如本地化优势和空间集中的益处，还关注了知识创造和扩散过程中依赖的一套地方化的主流规则、习俗和规范。

区域创新体系由以下三个核心要素组成。第一，主体要素，即参与创新活动的行为主体。创新主体主要包括企业、高等院校、科研机构、各类中介组织和地方政府这五大类主体。企业作为技术创新的主要实施者，不仅是创新投入和产出的中心，也是收益的主体，构成了创新体系的核心。这些行为主体形成

了一个网络型组织，构筑了明确的区域创新网络，区域创新体系的形成依赖于
参与者在创新活动中所建立的网络关系。参与者通过产业网络和社会网络，或
者围绕共同的技术范式，形成了一个创新网络，在这一网络中，企业利用掌握
的创新资源开发新产品和技术，构成了区域创新体系的产出。第二，功能要素，
指行为主体之间的关联与运行机制，涵盖制度创新、技术创新和管理创新的机
制及能力。这包括主体内部的激励机制，以及主体间构建紧密联系、高效运行
的"管道"机制，关键在于高效的信息和知识流动、创新合作及技术外溢的处
理，以实现企业、科研机构、学校、政府及中介机构之间的信息流畅交换、资
源合理配置和各自优势机制的发挥。第三，环境要素，是指支撑创新活动的环
境，包括体制、基础设施、社会文化心理和保障条件等。环境要素分为硬环境
（如科技基础设施）和软环境（市场环境、社会历史文化和制度环境）。妥善处
理要素之间及要素与系统的结合关系，对于区域创新系统的功能发挥和效率提
升至关重要。

　　区域创新体系的特征主要包括以下六点。第一，区域邻近性。区域创新体
系反映了特定空间范围内的经济现象。地理邻近的优势减少了信息传递的时间
与成本，从而使技术外溢在区域创新体系中的作用更加显著。第二，主体多元
性。区域创新体系由一定区域内涉及创新全过程的各种主体组成。第三，文化
根植性。根植性表现为系统创新所需的特定特征，这些特征反映了社区在遵循
共同合作规范和互信基础上的相互作用及非商业性依赖的运作程度。第四，系
统集成性。区域创新体系整合了区域内的产业、科技、教育、资金及政府等多
个子系统，这些子系统的协同互动对区域经济的全面发展具有决定性影响。第
五，网络开放性。区域创新系统构成了一个特定区域内创新资源在各主体间流
动的复杂网络。区域创新体系不仅需要充分利用内部资源，还应积极引入外部
资源，以此加强创新能力并维持竞争优势。第六，创新集群性。产业集群通过
集中各种创新要素，为区域创新体系的建立提供了不可或缺的基础。因此，产
业集群本身就可以视为一个自然形成的区域创新体系。

区域创新系统可以分为以下三种类型。第一类是地域根植性的区域创新系统。地域根植性的区域创新系统主要是专业化产业区的中小企业网络，以"第三意大利"的艾米利亚-罗马涅（Emilia-Romagna）地区为典型。这类系统的公司主要在本地及企业间的联系基础上进行创新活动，技术转移主要在当地实施。这类系统的特点是，中小企业间及其与公共服务部门之间，通过网络形式进行的基于地域的创新活动，促进了区域内适合的技术与组织学习的发展。第二类是区域网络化创新系统。区域网络化创新系统常见于德国、澳大利亚和北欧国家，通常是国家政策促进的创新能力和合作的结果。这种类型的系统特征是，企业和组织不仅局限于一个特定区域，而且通过加强该地区公共机构的基础设施来支持本地互动学习，增强企业的竞争力。例如，通过设立功能强大的区域性研发机构、职业培训机构和其他民间团体参与创新过程，从而提高区域的集体创新能力并有效避免技术锁定现象。第三类是区域化的国家创新系统。区域化的国家创新系统与前两者不同，它的产业和组织更多地融入国家或国际创新系统，创新活动通常与区域外部主体合作进行。外部主体在这一系统中扮演重要角色，合作基于正式的科学知识交流，更符合线性模型。在这种系统中，合作通常发生在具有相似职业或教育背景的个体之间，这种背景的相似性通过"知识交流"促进了知识的广泛共享，使跨区域甚至跨国的合作成为可能。

2.2.3 创新地理学

创新发生在空间中，与地理有着非常密切的关系。20世纪80年代以来，随着知识经济时代的发展，区域发展的决定性因素是创新。人文地理学对"空间"的理解越来越深刻，开始重视对"软空间"的研究。创新研究被纳入地理学的研究内容，创新地理学成为主要的研究方向。新工业区学派、创新环境学派、创新集群学派、国家创新体系学派、区域创新体系学派和城市创新体系学派的出现，为创新地理学的发展奠定了理论基础。1994年，弗里德曼提出了创新地理学，创新地理学研究进入了新的发展阶段。

创新地理学的研究对象主要包括以下五个方面的研究内容：创新要素的空间分布和组合规律；创新活动和地理环境相互作用的机制；对创新活动的空间集聚程度和扩散程度的测度；创新集群、创新网络及各自的内部协作程度；国家、区域、城市等多尺度创新体系研究[103]。因此，创新地理学离不开对人才、资本、技术、知识、信息等创新要素的空间分布和空间影响效应的研究。在空间影响效应方面，创新地理学注重创新地理在不同地理空间之间的溢出效应。区域间创新的地理溢出根植于创新知识的跨区域溢出。区域间创新知识溢出作为创新空间互动的一种表现形式，对区域创新的协调增长起着十分重要的作用。区域间创新知识溢出的具体内部形成机制主要来自四个方面：区际创新人才流动、区际贸易交往和相互投资、创新知识本身的流动和区域间互补创新需求[104]。创新知识的跨区域溢出可以促进区域间创新的地理溢出，形成不同区域创新的空间互动。增强区域间创新主体之间的相互依存与互动，使区域间创新知识生产的分工与合作更加合理，有利于区域创新一体化的发展，也有利于区域创新的共同发展。

2.3　要素流动理论

近年来，随着区域一体化进程的不断加快，制约要素自由流动的各种壁垒逐渐被打破，这些有利条件加快了区域间要素自由流动的步伐。在"逐利"特征主导下的要素流动，不仅优化了资源在空间上的合理配置，使要素的功能效应最大化，而且其流动过程中所伴随的溢出效应也将对国民经济的运行产生深远的影响。因此，要素流动问题一直是经济学家关注的焦点。现有对要素流动的研究主要集中在劳动力、资本等传统生产要素上，而对创新要素流动的研究还比较缺乏。创新要素作为劳动、资本等传统生产要素的一种特殊形式，只有对劳动、资本等传统生产要素流动的相关理论进行深入的梳理，并从中获得有益的启示和借鉴，才能更好地对其进行研究。本部分主要从劳动力流动、资本流动和要素流动的影响三个层面对相关理论和研究进行回顾和总结。

2.3.1 劳动力流动

有关劳动力流动的研究可以追溯到17世纪英国古典政治经济学家威廉·佩蒂。他首先指出，劳动力为了实现自身效用的最大化，往往会流向效益更高的地区。此后，许多学者沿着佩蒂的思路，对劳动力流动进行了广泛的研究，主要研究成果如下。

2.3.1.1 推拉理论

拉文斯坦（Ravenstein）的"人口迁移七定律"是现代人口迁移研究最早的理论模型之一，也是推拉理论研究的起点。然后，在"人口迁移七定律"的基础上，从心理学和经济学相互作用的角度，推拉理论全面考察了劳动力迁移的内在机制。推拉理论指出，劳动力流动是出发地推动（如高房价、低福利水平等）和目的地拉动（如高工资、良好工作环境等）的结果。20世纪80年代，美国经济学家李（Lee）发现，除了工资、房价、经济发展水平等直接可测量的因素外，一些潜在因素，如制度、语言、宗教、文化等，也会对人口流动产生显著影响；李将这些因素称为人口流动过程中的潜在障碍，并提出人口流动受到推力、拉力和潜在障碍的综合影响[105]。

2.3.1.2 库兹涅茨选择性理论

库兹涅茨选择性理论认为，员工厌恶风险，有能力迅速离开原来的环境，适应新的环境。当一个地区的工资率高或经济发展水平好时，就会有大量的劳动力流入该地区。这一理论认为，劳动力的流入可以促进经济进步和增长，而经济增长反过来又吸引更多的劳动力流入。经济在这个周期的累积效应下运行和发展。库兹涅茨选择理论不仅很好地解释了人口聚集现象，而且在一定程度上解释了人口流动与经济发展之间的内在关系。

2.3.2　资本流动

重商主义学派最早研究资本流动问题，主张将金银出口到国外赚取利息，从而增加国内财富。亚当·斯密指出，国外市场比相对熟悉的国内市场具有更大的不确定性，这使得资本在本国投资更加有利。马克思在平均利润形成理论中指出，在完全竞争的市场环境下，在"逐利"的驱动下，资本倾向于流向利润率较高的部门。当每个部门的利润率相同时，资本就会停止流动。马克思也指出，资本具有内在的扩张力，总是追求更高的利润和剩余价值，突破地域限制，流向高回报的地区。

第二次世界大战后，随着世界资本流动的增加，大量学者开始研究资本的国际流动。资本总是从边际生产率较低的地区流向边际生产率较高的地区，以获得较高的回报率。帕切罗（Parcero）指出，国际和国内资本流动的内在机制是获得更高的回报[106]。韦伯（Webber）通过构建区域资本流动模型，发现资本一般流向利率较高的地区，资本流动并不一定导致利率向平均利率趋近[107]。坦普尔（Temple）指出，资本更倾向于流向基础设施完善、投资环境优越、政策法规健全的地区，以避免这些因素带来的不确定性[108]。马丁和罗杰斯（Marting and Rogers）分析了资本区域间流动的规律，得出结论：资本区域间的流动可以使区域间的经济活动相互关联，并可以在经济上连接地理上相距遥远的流入和流出区域[109]。

20世纪90年代以来，随着中国金融市场的不断完善和发展，区域间资本流动的规模和数量开始增加，国内许多学者对此进行了有益的探讨。梁宇峰通过构建区域间资本流模型，分析了资本流与资本边际产出的关系，结果表明，区域间资金流动是中国区域发展差距形成的原因之一[110]。王小鲁和樊纲分析了中国资本的规模和流向，发现市场导向的资本流动主要受高回报和低回报驱动，从中西部地区流向东部地区；政府主导的资本流动主要受国家政策驱动，从东部地区流向中西部地区[111]。肖灿夫在研究中通过F-H模型发现，中国区域间资本流动规模不断扩大，区域间资本流对区域协调发展具有重大积极影响[112]。

2.3.3 要素流动的影响

要素流动作为一种有效的资源配置方式，必然会对经济运行产生重要影响，因此成为学者关注的焦点之一。泰勒（Taylor）和威廉姆森（Williamson）实证检验了跨境劳动力流动对一国经济发展的影响。研究发现，跨境劳动力流动对人均GDP的贡献率可达50%[113]。法吉安（Faggian）和麦肯（McCann）基于英格兰和威尔士的毕业生流动数据，采用三步OLS回归方法对区域间人力资本流动、区域创新和经济发展之间的关系进行了实证检验。回归结果表明，区域间人力资本流动、区域创新与区域经济发展之间存在双向因果关系[114]。刘献华指出，劳动力流动不仅可以促进经济社会发展，还可以促进中国产业结构的优化升级[115]。牛冲槐等将劳动力流动对区域经济发展的影响分为创新效应、区域效应、知识溢出效应和规模效应[116]。桂昭明和苏琴的研究结果表明，全国和东部地区劳动力流动带来的经济效益持续提升，但中西部地区劳动力流动带来的经济效益呈现一定程度的下降趋势[117]。南旭光构建了跨区域劳动力流动与知识溢出的动态联动模型，从理论上探讨了劳动力流动产生的知识溢出效应对区域经济增长的影响[118]。徐倪妮和郭俊华以劳动力流动的动机为研究起点，在此基础上分析了劳动力流动的方向和原因，并考察了劳动力流动对自身、流入区域和流出区域的影响[119]。

资本作为重要的生产要素，能够为生产活动的顺利进行提供资金支持，其存量大小和利用效率将对区域经济的发展产生重大影响。20世纪50年代，威廉姆森发现资本最优配置与经济增长之间存在先分化后趋同的长期趋势。威廉姆森认为，随着资本等因素在市场机制下的自由流动，区域资本和经济发展可以实现从非均衡向均衡的动态过渡。迈因特（Myint）对威廉姆森的观点提出了质疑，并认为，市场不完善、信息不完全、金融机制不健全等因素的存在，导致优势地区的资本要素趋同，从而实现更好更快的发展，而欠发达地区则面临资本要素不断减少、经济增长率不断下降的局面，因此，政府应该增加对区际资本流动的干预[120]。严浩坤的实证研究表明区际资本流动是影响中国区域经济发展不平衡的主要因素[121]。丁艺等的研究发现中国东部地区的资本流动显著高于中西部地区，金融集聚对中国经济发展和增长具有显著的正向影响[122]。

2.4　创新要素流动理论

2.4.1　创新要素流动的表现形式

2.4.1.1　创新人才

创新人才的空间流动形式多种多样。从时间的角度来看，有短期流动和长期流动。从原因来看，有些人可能在毕业后在不同地区就业或创业，有些人可能因工作或利润原因前往其他地区，有些人可能参加不同地区的学术研讨会、考察访问、进修等短期交流，有些人可能因内部工作需要而轮岗到创新主体在其他地区的分公司或子公司，也可派往合作单位或需方进行合作研发或技术援助。

对于一个区域组织来说，创新人才在不同区域之间的空间流动主要有内部流动和外部流动两种形式。一是内部流动，指的是组织内部人员的跨区域流动。这种情况主要涉及创新人才在组织内部的分配，如轮岗、调动、晋升等。例如，如果一家公司在另一个地区建立了研发中心，一方面，它将从总部或其他地区派遣经验丰富的管理人员和高级技术专家到新的研发中心工作；另一方面，在研发中心所在地招募的新研究人员需要在总部或其他区域子公司进行实习和培训，以快速融入推动企业发展的技术创新团队。因此，这种内部流动是双向的。二是外部流动，指的是组织和其他区域组织之间的人员流动。该模型可能不直接涉及跨区域的人员流动，而是涉及不同区域组织之间的人员流动。通常，当一个组织选择在其他地区建立研发机构时，它会尽可能地将其业务本地化，因为离岸研发或研发飞地的重要动机之一是利用当地丰富的创新人才，或者利用吸引优秀人才流入的有利条件，使大量来自本地和其他地区的研发人才能够进入组织工作。当然，这并不排除组织内部的创新人才可能被其他地区的有利条件吸引而离开原来的组织和地区的情况。

2.4.1.2 创新资金

创新资金具有高流动性。创新资金的流动形式主要分为两种形式：组织内部的创新资金流动，组织与外部组织之间的创新资金流动。一是组织内部的创新资金流动，是指组织将创新资金投向其他地区的研发机构（如独立的研发中心，分、子公司下属的研发部门等）开展技术创新活动。这种形式的投资通常以单向流动开始，但资金可能在随后的时期以利润、股息和其他形式回流。当然，创新资金的流动实际上是要素的综合流动，往往带动其他创新要素如创新人才、创新技术、创新信息等的流动。二是组织与外部组织间的创新资金流动，主要有两种形式：一种是组织向其他地区的组织购买创新服务和技术，如研发外包、技术咨询服务、专利购买等；另一种发生在与外部组织建立研究开发中心、工程技术中心、新产品开发中心和其他合资企业的过程中。

2.4.1.3 创新技术

创新技术作为一种知识形式，具有非竞争性和部分非排他性，容易被他人模仿和传播，具有较强的流动性。流动的具体形式可以从两个角度来理解。第一，从流动的表现形态上看，主要包含两种形式：有形的技术流动和无形的技术流动。有形技术流动主要涉及含有先进技术信息的高科技产品等材料和商品的贸易。高科技产品是知识密集型产品，高科技产品清单还包括机械设备等资本品。通过对高新技术产品实施逆向工程，可以获得产品的组织结构、功能特征、加工流程、技术规格等技术要素信息。无形技术流动主要是指利用有形载体（磁带、文件、人等）实现专利、商业秘密等技术信息的转让。一般情况下，组织或个人可以通过专利等知识产权交易获得可观的转让费和特许经营费，也可以通过专利之类的知识产权保护获得竞争优势和垄断地位。因此，技术市场交易、许可证交易、特许权使用费支付等通常被用来衡量无形技术流动的规模。第二，从流动形式上看，可以分为两种形式：自愿的技术流动和非自愿的技术流动。自愿的技术流动的形式有两种：有偿或免费技术转让和非转让流动。有偿或免费技术转让主要是指专利权、专有知识、专有技术、版权、商标和品牌的转让、引进和许可交易。非转让流动通常来自相关组织或个人之间的技术转让。例如，企业并购可以将被收购方的技术转让给收购方，也可以由母公司将技术转让给其子公司，或者母公司可以独立进行新的产业投资并在地理空间上转让技术要素，但创新技术仍保留在集团企业中。非自愿的技术流动的形式有：新产品被逆向工程、员工辞职泄露了专业技术、员工通过会议等形式进行技术信息交流等。

2.4.2 创新要素空间流动主要渠道

不同形式的创新要素空间流动是通过各种载体或渠道产生的，如技术贸易和技术联盟、研发外包、产学研合作、各种信息和知识的正式和非正式传递渠道等。本节主要分析和观察中国创新要素区域间空间流动的主要渠道。

2.4.2.1 创新人才迁移渠道

创新人才迁移是创新人才空间流动的主要渠道模式。创新型人才是知识、信息、技术等的载体。因此，创新人才的迁移往往伴随着创新知识的流动，尤其是隐性创新知识和技术的流动。创新人才的流动有灵活的流动渠道（柔性迁移）和实质性的流动渠道（实质性迁移）。柔性迁移主要是指通过派遣创新人才、聘请创新专家和顾问租赁创新人才、共同培养创新人才等方式，实现各地区创新主体之间的流动，可以打破地域、户籍、档案等人事关系的刚性约束，增加创新人才开展跨区域创新弹性服务的灵活性。因此，创新人才柔性迁移是一种灵活的区际间用人渠道。例如，中国的科技使者模式选择专家、科研人员、教授、博士等具有丰富科技理论和知识的中青年知识分子，到最需要的地区和创新实体开展中短期创新研究和服务。实质性迁移主要是指创新型人才选择在地区间创业、就业或再就业。往往涉及档案、户籍、身份等方面的变更，是满足区域创新主体在创新发展过程中对创新人才刚性需求的主要渠道。

2.4.2.2 研发直接投资渠道

研发直接投资是以研发（R&D）为目的的直接投资，如投资建立研究中心、研究所、重点实验室等，是创新主体提高技术创新能力的核心战略安排，也是能够引发创新要素全面流动的主要渠道。创新主体所在地的研发投入（本地研发投入）和创新主体所在地外的研发投资（外部研发投入）都可以引起创新要素的综合空间流动。

一是本地研发投入，主要指创新主体在本地区 R&D 直接投资的增加，体现在R&D资金的内部支出上。本地研发投入可以通过增加先进的科研设备、改善研发环境、增加基础研究、应用研究和开发研究的资金投入、提高研发人才的福利待遇等方式进行。一方面，本地研发投入的增加可以增加对创新人才和其他创新要素的需求；另一方面，越来越有利的科研条件很容易对其他地区的优秀创新人才产生很大的吸引力。由此，创新主体的本地研发直接投资有利于吸引外部创新要素的流入。二是外部研发投入，主要指创新主体根据发展需要，在其他地区设立技术开发中心、技术中心、研究分支机构和联合实验室。这需要在其他地区投入创新资金，向其他地区输送精密研究设备和仪器，输出和引进相应的专家和技术人员，并为其他地区的研发中心提供技术和知识信息的支持和共享。当然，一个地区也需要接受其他地区研发中心的人才到本地研发中心交流学习，这就能有效支持创新资金、人才、技术和知识信息的跨区域流动。

2.4.2.3　研发外包渠道

研发外包（R&D Outsourcing）是指创新主体将本应投入大量创新资源的研发工作委托给本领域更专业的创新主体完成。换言之，创新主体将价值链中的部分或全部研发任务外包给比自己更成功、更高效的完成任务的外部技术供应商，他们提供新思路、新工艺、新技术、新产品等研发成果，实现创新资源的合理利用，提升企业竞争力。这里的外部技术供应商主要是指具有创新技术能力的外部机构，如大学、研究机构、企业、供应商等。从创新强度的角度看，研发外包有两种类型：高效型和创新型。如果需要持续改进和完善现有技术以实现稳定增长，那么以效率为导向的研发外包是首选。为了进行未来的技术储备，有一种创新研发外包的趋势，这需要持续的技术创新。研发外包是典型的知识密集型服务外包。面对知识爆炸和瞬息万变的市场，研发外包成为各类创新主体快速获取外部知识、实现知识更新的有效手段。积极获取外部创新资源、接受知识溢出也是区域创新主体的战略选择。因此，研发外包是近年来快速发展的创新要素空间流动渠道。

2.4.2.4 技术联盟渠道

技术联盟是指多家企业在产品开发和技术研究方面的合作形式，其主要目的是开发新产品和研究新技术[123]。产业技术联盟是高校、科研机构、企业或其他组织基于企业发展需要和各方共同利益，以提升产业技术创新能力为目标，以具有法律约束力的合同为保障，形成优势互补、共同发展、风险共担、利益共享的技术创新合作组织[124]。根据上述对技术联盟的理解可以认为，技术联盟致力于技术创新活动，至少两个或两个以上相关的创新实体借助适当的组织形式和运营体系，共同形成创新伙伴关系，强调成员之间技术创新资源的互补或加强。嵌入技术联盟网络的创新主体可以通过技术联盟网络更快、更有效地传递创新资源、信息和知识。技术联盟网络是知识、技术等创新资源转移和共享的重要渠道，也是创新要素空间流动的重要渠道[125]。根据技术联盟成员的地理分布，可以分为三类：第一种类型是本地技术联盟，成员属于同一地区；第二类是国家性技术联盟，联盟成员遍布整个国家范围；而第三类是联盟成员涉及国内、国外的国际性技术联盟，会引发创新要素在国际、国内间的流动。

2.4.2.5 产学研合作创新渠道

产学研合作创新的提法有很多种，如产学研结合、管产学研联合等，但我国对产学研的理解基本形成了"生产"是产业、"学习"是大学、"研究"是科研机构的共识。国外对产、学、研机构协同创新最经典的定义是"产、学、研机构之间的协同创新过程以知识为基础，通过互动实现知识循环，从而激发创新思想的产生"[126]。国内大多数学者对产、学、研机构协同创新的理解是，企业、高校、科研机构基于实现共同利益的合作，将各自的创新资源协同进行技术创新。由此可见，产学研合作创新过程的本质是知识流动过程，是企业、高校、科研机构之间不断传递、消化、转移和创新知识的复杂过程[127]。许多国家也出台了一系列政策，促进产学研合作互动创新，甚至确定合作创新是国家科技创新战略的重要决策[128]。因此，产学研合作创新已成为实现创新要素综合空间流动的重要渠道。

2.4.2.6 技术、高技术产品等区际贸易渠道

技术贸易主要涉及与技术相关的无形商品的交换，而高技术产品贸易主要涉及与技术相关的有形商品的交换。这类贸易通道与创新要素的省际空间流动密切相关。一方面，技术和高新技术产品都是知识密集型商品，蕴含着大量的创新知识和信息；另一方面，随着分工的深化和技术与经济一体化的推进，技术、无形服务、高新技术产品在区域间贸易往来中的比重不断提高。通过技术贸易，重要的技术要素和包含重要技术要素信息的产品从一个地区转移到另一个地区，成为创新要素和创新成果流动和扩散的另一个独特而重要的渠道。技术贸易和高技术产品贸易既可以发生在创新组织内部，也可以发生在外部，因此由技术贸易渠道引发的创新要素的区域间流动非常广泛。

技术贸易是一种以技术直接作为转移对象进行转移的市场交易行为。专利权、专有技术、技术秘密、专利许可和软件版权的转让都是技术贸易的形式。随着我国技术市场交易的逐步发展，技术市场交易统计越来越规范。技术市场合同成交和专利权转让的记录在一定程度上可以反映省份与省份之间的技术贸易，也在某种程度上反映了省份与省份之间的技术转移和流动。由于缺乏对省际货物和服务贸易的专门统计，很难获得数据，现有文献大多使用间接方法调查和衡量省际高科技产品的贸易[129-132]。

2.4.2.7 政府筑巢引凤渠道

政府筑巢引凤主要是指根据区域总体发展战略，通过相关制度和政策的制定和引导，为区域内创新要素的吸收、聚集、分流搭建平台或创造条件。由于技术创新过程的不可分割性和不确定性，以及利益的非排他性，创新资源不可能仅仅依靠市场力量实现最优的空间配置。这就要求政府在筑巢引凤方面发挥独特的监管作用。政府对区域创新的调控不仅通过增加财政研发资金的直接投入产生直接影响，而且通过调控创新要素的区域间流动来间接影响区域创新。通过有效的创新制度和政策安排，积极鼓励更多的创新资源更有效地配置到相应区域空间的创新生产活动中，从而促进创新绩效的全面提升，增强创新对经济增长的拉动作用。因此，为政府建立一个吸引人才的"巢"，对于创新要素的空间流动至关重要。

政府聚集人力、智慧、技能和资源，以各种形式筑巢引凤，如组织科技博览会和展览会。其中聚集各类创新资源最重要的嵌套形式是创建各种创新载体和创新平台，如科技企业孵化器、高科技产业园、创客工作室、大学试点园区、产业共性技术、关键技术研发中心等创新创业平台。为创新创业提供一个集"项目、政策、环境"于一体的类似大城市办公社区的优秀物理空间，大力吸引高素质创新创业人才、待孵化高新技术、风险投资等投入型创新平台，发挥创新集聚效应，提升创新能力。

2.5 知识溢出理论

2.5.1 知识溢出的内涵与载体

2.5.1.1 知识与知识溢出

（1）知识与知识的类型。知识是一个复杂多维的概念，学者们在不同的语境和学科中赋予它不同的含义。知识是一个动态综合体，包括结构化的经验、价值观、相关信息及专家见解等要素。一般认为，知识是信念、经验和信息的统一，这不仅体现在认知者进行认知实践的过程中，还体现在认知者进行认知实践的结果中。

经济合作与发展组织关于知识的定义受到学者们的一致认可。该组织将知识划分为四种类型：第一，事实知识，即知道是什么（know-what），这种知识指记录事实的数据；第二，原理知识，即知道为什么（know-why），这种知识指的是记录自然和社会原理与规律的理论，它在多数产业中支撑着技术的发展及产品和工艺的进步；第三，技能知识，即知道如何做（know-how），这种知识指的是完成特定任务所需的能力和技巧，包括专业知识和技巧；第四，人力知识，即知道谁会做（know-who）。

知识可分为显性知识（Explicit Knowledge）和隐性知识（Tacit Knowledge）两种形式。显性知识是可编码的，具有物质载体，可以通过间接手段在相对较大的空间内传播。典型的显性知识主要以专利、科学发现和特殊技术的形式存在于书籍和计算机数据库等物质实体中，有些则直接物化为产品等，事实知识和原理知识大多归属为显性知识。而隐性知识的价值难以编码和衡量，不易传播或传播成本高。它通常只能通过面对面的交流和持续的接触在特定区域内传播，典型的隐性知识如技能知识和人际网络。在经济和社会活动中，隐性知识比显性知识发挥着更重要的作用，这主要有两方面原因：一是由于显性知识的实现离不开对隐性知识的理解；二是显性知识的应用本身就是对隐性知识理解的过程。技能知识和人力知识大多归属为隐性知识，知识的类型与说明见表2.1。

表2.1　知识的类型与说明

知识类型		内容说明	编码程度
显性知识	事实知识	关于事实方面的知识	能够编码或易于编码
	原理知识	关于自然和社会的原理与规律方面的理论	
隐性知识	技能知识	做某种事情的技艺和能力，如专有知识和诀窍	不能够编码或编码难度大
	人力知识	谁知道和谁知道如何做某些事情的信息	

（2）知识的经济学特性。知识在经济学中具有多层次、多维度的特性。在经济学领域，知识被看作经过加工和提炼的一种资源，能够被纳入经济系统之中。知识具有意会性、情境依赖性和综合性的特征。具体而言，知识的意会性是指知识无法完全用语言或其他表达方式表达出来；知识的情境依赖性是指任何知识都是在特定的情境中产生的，其含义必须在这一情境中才能理解；知识的综合性是指对专门规则的理解和执行始终是综合的。知识的这三个特性使得知识在传播和共享过程中存在"黏滞性"。不过，知识至少还包括以下四个特性。

一是知识的累积性。就生产知识而言，存在一种内在的积累趋势。过去所积累的资源和知识被应用于新知识的生产，而这些新知识又会积极地影响未来的知识生成，从而形成良性循环。换言之，知识是不断发展和壮大的，促进了更多新知识和新技术的出现。关于"干中学"的研究表明，新知识的生成并非仅受当前研发投入比例的影响，更为重要的是过去经济积累所积累的知识储备和技术进步。知识的这种累积特性使经济系统在发展过程中逐渐积累更多的知识资产，为未来的创新和发展奠定了坚实的基础。

二是知识的局部性。知识的局部性意味着知识不是以集中和综合的形式存在的，而是分散在不同的主体（个体）之间。在经济主体中，存在许多个体拥有的知识，其中一些知识甚至可能完全未为其他个体所认知。知识局部性的现象是由多方面因素造成的，包括交易成本、劳动分工及个体的有限理性等。由于获取知识是需要成本的，人们无法无限制地获取和复制所有的知识。同时，知识具有专业化的特点，这意味着某些知识只能由具备相应专业背景或技能的人来掌握和应用。因此，个体也无法涵盖所有专业领域的知识。此外，由于知识不断增长，而人类的时间、能力和精力是有限的，因此每个人都无法掌握所有知识。总体而言，知识的局部性导致在其经济体系中呈现出分散和差异化的特征。

三是知识的非竞争性。知识的非竞争性表现为类似于公共产品的特征。在经济社会中，当个人或组织在经济活动中使用某种知识或其载体生产商品或提供服务时，并不妨碍其他人或组织使用相同的知识或载体。这种非竞争性导致了知识共享和溢出现象。虽然知识的创造需要成本，但通常知识的使用受到专利或知识产权的限制，这意味着知识只能在特定范围内使用。因此，当其他人在使用这些知识或技术时，可能会遇到一定的门槛。这种情况导致了知识溢出或技术扩散之间的效率问题，表现为一定的时间滞后。然而，由于这些知识和技术最终会在不侵犯知识所有者权益的情况下被其他经济主体共享和使用，因此它们被视为一种公共资源，也是一种公共财产。

四是知识的部分排他性。知识的部分排他性意味着知识的创造者或持有者很难完全禁止未经授权的其他人使用这种知识和技术。然而，一件商品能否实现排他性，取决于知识的创造者和所有者能否有效保护知识不被他人未经授权使用。虽然知识具有非竞争性，即使用知识时不会妨碍其他人的使用，但通过建立制度，可以使知识至少在某种程度上具有排他性。这种排他性主要体现为知识产权法律的保护，如专利、商标和版权等知识产权法律制度。这些法律和制度为知识生产者提供了一定的保护，使他们能够在一定时期内对自己的知识或技术享有专有权。因此，尽管知识本身具有非竞争性，但是如果能够通过建立合适的制度和法律框架对知识进行保护，知识也可以在一定程度上实现部分排他性。

（3）知识溢出的本质。知识溢出是指知识的非自愿扩散，是经济外部性的一种表现。知识溢出相当于知识的外部经济，在经济学中，市场对知识溢出效应的调控是失灵的。虽然知识溢出是市场失灵的一种，但它会在特定的区域中反映出来。格罗斯曼和赫尔普曼指出，知识溢出产生的根源是知识本身具有公共产品的性质。根据卡尼尔斯的观点，知识溢出是指通过信息交流获取智力成果，而创造者未获得相应的补偿，或者补偿的价值小于智力成果的价值[2]。罗默进一步阐述道，排他性问题至少可以部分通过知识产权的各种安排来解决。然而，非排他性是知识的固有特征，不能以任何方式加以破坏。

因此，知识的非排他性意味着它将产生知识溢出效应，从而导致规模报酬的增加[133]。知识的非竞争性同时受到知识性质和决定产权的经济制度的影响。由于制度壁垒或技术壁垒的存在，知识溢出是局部溢出的，而非全局溢出。如果知识溢出是全部的，那么企业将失去知识创新的力量，等待其他企业创新成果的溢出。因此，知识溢出呈现出局部外部性的特征。罗默提出了知识外部性的三种形式：消费者剩余效应、抢生意效应和研发效应。消费者剩余效应和研发效应属于知识的正的外部性，而抢生意效应属于知识的负的外部性[133]。

格里奇斯（Griliches）将知识溢出分为两类：租金溢出和纯粹的知识溢出。租金溢出指的是当包含创新知识的新产品在商业化过程中，其价格未完全反映出创新所带来的质量提升。而纯粹的知识溢出则是由于正的外部性而导致自有知识被其他企业模仿和挪用，这种溢出主要通过大量非商业化的渠道传播和扩散。与租金溢出相反，纯粹的知识溢出通常不是因为经济交易，而是主要依赖于面对面的交流[134]。伯恩斯坦（Bernstein）与纳迪里（Nadiri）将知识溢出分为横向溢出和纵向溢出两种类型，横向溢出指的是在竞争对手之间发生的知识传递，而纵向溢出则是指生产链上下游企业之间的知识传递[135]。此外，格莱泽（Glaeser）等将知识溢出划分为产业内溢出和产业间溢出两类，这种分类直接涉及知识溢出与经济增长、专业化、竞争和多样化之间的关系[136]。专业化促进了产业内的知识溢出，而多样化与产业间的密集知识交流相一致，竞争因素则影响了企业的创新流动和创新绩效。

2.5.1.2　知识溢出的载体

知识作为一种创新资源，在地理空间中的传播和溢出比其他类型的经济资源复杂得多。通常情况下，除了交易成本等因素对知识溢出的影响之外，知识本身的内在属性有时候更为重要。一方面，知识的转移受到产权界定等交易成本的限制，同时也受到知识本身可表达性方面的制约，因为许多知识和想法是无法以言语表达的，它们具有默示性质。另一方面，还有一些知识类型是可以形式化、可以表达的，但要完全理解这些知识需要付出高昂的认知成本，其中既包括经济成本，也包括时间成本。

知识溢出的载体即知识的载体。显性知识可以通过符号系统（如语言、数学公式、图表、手势语等）加以表达和传达，因此具有确切可知、可表达、有物质形式的特性。这类知识主要以科学发现、专利和特殊技术等形式存在，存储在书籍、计算机数据库等实体中，有些则直接体现在实物产品中。而隐性知识是组织或个人经过长期积累而获得的技能和知识，通常难以编码或编码性较低，不易用文字、语言等符号表达，更不能通过实物存在来体现，通常以个人作为实现的载体。

知识溢出的实现可以被划分为至少两个层面。当新的技术或知识被创造后，人们的思维即成为了第一层的实现载体。这些新知识通过文字、语言、图形或手势等形式被表达出来，形成了各种形式的知识产品，或者融入产品中，从而形成了第二层的知识载体。对于那些编码程度较低、隐性程度较高的知识而言，它们的载体通常仅存在于第一层。在通信技术和互联网的发展下，第二层的载体也不一定是物质实体，如知识可以以信号或信息的形式存在，如文字、语言、图形、手势等。无论知识转移和溢出发生在哪个层面的载体上，一个完整的知识溢出过程始于知识的发送者，结束于知识的接受者，这是从一个个体到另一个个体的过程。

根据知识溢出是否通过个人的直接接触传播，知识溢出可分为面对面交流和间接接触。面对面交流作为隐性知识转移和溢出的主要途径，具有其独特的特性。这种交流方式不仅仅是简单的信息传递，更是一种深入的沟通过程，通过面对面的互动，人们可以共享经验、洞察他人的思维方式，并且建立起更为紧密的人际关系。面对面交流的特殊性及其所引发的后续间接沟通，取决于交流的知识程度、类型、人际关系（合作还是竞争）、个体和社会系统的不确定性等多重因素。一般而言，在商业模式的初期阶段，由于存在较高的风险和不确定性，知识的传播和转移更多地依赖于物质形式的显性知识。然而，随着时间的推移和合作关系的建立，个体之间的信任逐渐加深，使得合作变得更加顺畅。当设计、研究和生产等过程逐渐标准化和正常化时，许多面对面交流逐渐被电子通信所取代，但面对面交流依然在某些情况下扮演着不可替代的角色，尤其是在建立人际关系、促进创新和解决复杂问题时。

2.5.2　知识溢出的实现过程

知识从X地区的所有者转移到Y地区的接受者是一个非常复杂的过程，它既包括显性知识转移，也包括隐性知识溢出[137]。知识的生产者A可以通过在认知、学习过程和循环中形成知识的编码能力，可以对不同类型的知识进行编码。当然，除了隐性知识外，所有的显性知识都可以被成功编码。然而，在知识编码的过程中，不可避免地导致知识的变形等情况发生。一些知识在当前的知识水平下可能无法被充分编码，需要在后续的认知和学习过程中不断提高编码的能力，这一过程降低了知识的可溢出性和溢出效率。对于那些无法成功编码的知识，特别是隐性知识，只能通过频繁的面对面交流才能实现知识的溢出。

知识的生产者A可以根据其个人意愿和相关制度的限制，选择知识转移和溢出的平台。有些选择可能是相对被动的，如知识在非主动的交流过程中悄然溢出。一旦生产者A选择了特定的平台，这个选择也可能引发其他平台的出现。例如，如果生产者A选择了专利保护，专利申请过程中的一些步骤可能会导致部分专利信息的外泄，从而使得该专利知识的一部分存储在专利申请系统这一平台上。因此，知识转移和溢出的过程是受到持有者意愿和所选平台特性的双重影响的。当新知识出现在平台上时，平台的类型、权威性、关注度和可见性都会影响知识的转移和溢出。在知识转移过程中必然会导致知识的流失和溢出，甚至可能完全阻碍特定个体的知识获取。因此，平台的类型和特征也会对知识的完备性及传递和溢出的效率产生重大影响。

以上详细描述了一个基于知识生产者A的知识转移和溢出的完整流程。当新知识经过转化成为编码知识，并传送至知识转移和溢出平台时，知识的发布或扩散过程就完成了。知识发布的下一步可以称为知识获取过程。可以看出，在知识扩散过程中，知识的生产者A起着主要的控制作用。而在知识获取过程中，潜在的知识获取者B则发挥着至关重要的决定性作用。

潜在的知识获取者B若要接受编码的知识或隐性知识，首先需要具备一定的区位优势或硬件、软件条件，如已有的知识储备。如果个体缺乏相应的条件，可能无法或延迟接受来自知识生产者A的知识。此外，已设定区域的软硬件条件的不足或缺失也可能导致知识本身的失真或变形。当然，知识获取者B还需要具备读取外来新知识的能力。无论知识的转移和溢出以何种方式为主要载体，任何上述要素和条件的不足或缺失都可能导致外来新知识的损耗或失真。经过解析和过滤后的新知识，其能否被成功地获取、认同、理解、加工并与现有知识相整合，取决于是否能够通过基于目标和需求的知识过滤。换言之，这取决于潜在的知识获取者B是否愿意接受这些新知识，这一点取决于其判断力、意识形态、文化认同、情感等因素。解码和分析知识的获取过程，以及基于目标和认同的知识获取过程，都依赖于知识获取者B的知识储备和知识结构等。当然，随着认知和学习的不断积累，B的知识结构、知识能力和吸收能力等将发生变化和进步，这必然会影响到知识转移、溢出及知识过滤的标准。

2.5.3　知识溢出的影响因素分析

根据上述的知识溢出实现过程分析可知，知识溢出是知识从生产者A流向获取者B的过程。这个过程十分复杂，因为它涉及多个环节和参与者，并受到诸多因素的影响，这些因素可能相互作用并在不同程度上影响知识的转移和溢出效果。其中一些主要因素包括但不限于以下五个方面。

一是知识的完整性和质量：知识在转移和溢出过程中可能会发生变形和失真，影响到其原始含义和质量，这取决于信息传递的准确性和清晰度。二是接受者的能力和条件：并非所有的接受者都具备获取和理解知识的能力，因此接受者的知识背景、教育水平、技能和资源等方面的差异会影响到知识的接受和利用程度。三是知识的可用性和获取渠道：知识的可获得性和获取渠道的开放程度会影响到知识的转移和溢出效果，包括知识的共享平台、信息传播渠道等。四是时间因素：需要考虑特定个体相对于其他接受者获取新知识的时间，也就是知识转移和溢出的速度。五是文化和社会因素：接受者的文化背景、价值观念、社会关系等因素也会影响其对知识的理解和接受程度，进而影响知识的转移和溢出效果。对上述影响因素的归纳总结具体见表2.2。

表2.2 基于溢出过程的知识溢出影响因素

影响因素	主要方式
与知识属性相关的因素	隐性知识与显性知识有不同的流动渠道
	保密知识同公共知识之间的流动途径明显不同
	不同等级的知识的流动方式和效率也存在差异
	持有者将知识进行分享的意愿（保密、专利）
与持有者相关的因素	将知识编码或者公布的能力
	持有者对于平台的选择的动机
	知识的编码形式
与溢出平台相关的因素	知识发表平台的权威程度、引人注意和可视化程度
	知识流动使用的具体途径（产品、面对面、生产过程）
	及时获取知识的区位优势和硬件条件
与接受者相关的因素	接受者读取新知识编码的能力（知识背景）
	接受者理解知识并将其与自身知识相互整合的能力
	知识接收者采纳知识的意愿（开放度）

2.5.3.1 地理距离与知识溢出

地理距离涵盖了经济主体之间的空间或自然距离，包括绝对距离和相对距离两个层面。缩短距离有助于经济主体之间更轻松、更充分地进行面对面的信息交流和隐性知识转移。尽管现代技术加快了编码知识的传播速度并大幅降低了传输成本，但对于缄默知识的影响相对较小。总的来说，地理距离在知识的流动和溢出中扮演着重要角色。知识的外溢对区域创新产生的影响会随着地理距离的增加而逐渐减弱，邻近区域的创新主体比其他地区的经济主体具有更高水平的创新效率。这主要是因为，一方面，创新主体之间的空间邻近促进了知识、技术和信息的交流，以及建立合作关系；另一方面，区域创新活动中涉及的大部分知识都是缄默知识，其传输成本随着地理距离的增加而显著上升。即使是编码知识，其传播和利用也受到距离的重要影响，因为编码知识的理解和应用依赖于缄默知识和地理邻近性。

鲍德温等的研究表明知识和技术的外溢既不是全球性的，也不是完全地方化的。随着地理距离的增加，区域和国家之间的知识扩散显著减弱[138]。相关的实证研究也表明了知识溢出的空间局限性[139,140]。费舍尔（Fischer）和瓦尔加（Varga）用空间计量方法证实了知识溢出空间效应的存在，溢出效应超越了行政区域的地理范围，并且这种溢出呈现出明显的距离衰减趋势[141]。费舍尔等的研究通过分析高科技专利引用的地理信息，揭示了欧洲高科技企业之间的知识溢出现象，发现了知识溢出在地理接近性方面的显著影响[142]。易巍等的研究采用了2000—2015年期间的中国地级市配对面板数据作为样本，发现地理距离在中国高校专利知识溢出中发挥着重要的影响作用，随着地理距离的增加，高校专利的被引可能性和被引次数逐渐减小[143]。

2.5.3.2 知识差距与知识溢出

知识差距是主体间知识流动和溢出存在的必要条件和根本动力，如果两个区域或者经济体在知识水平上是相同的，那么很难发生知识溢出。知识差距对知识溢出效应的影响是重大的，并且这种影响可能是非线性的。企业间的知识差距越大，其学习和提升的潜力就越大，因此，从外国直接投资（FDI）中获得的知识溢出也就越多[144,145]。然而，另一些学者则得出了相反的结论。他们认为，内外资企业的知识差距越小，知识溢出的效应就越显著。这是因为如果经济体之间的知识差距太大，落后者的学习能力可能会受到限制。相反，如果知识差距较小，各方的知识水平更为接近，就更容易迅速吸收外部的知识，从而增强知识共享的机会[146]。因此，知识溢出很可能发生在适度的知识差距上。国内学者陈怡安利用中国1995—2011年省际面板数据，采用门槛面板模型，发现技术差距与海归所引致的知识溢出效应之间存在非线性关系，呈现出"倒U形"的影响模式，这一发现揭示了技术差距在海归回流知识溢出过程中的门槛效应[147]。

2.5.3.3 认知距离与知识溢出

考虑到知识结构和个体对知识理解水平的不同，从认知距离的角度来评估知识溢出效应的程度变得至关重要。认知距离指的是创新主体之间的技术组合的距离或者差异，它反映了知识外部来源的一种限制。具有相同技术组合的个体在共同研发方面可能会受到限制，但对于具有相似技术结构的个体来说，由于技术知识并非完全重叠，因此存在一定的互补性。较小的认知距离可能会带来更高的理解能力，而较大的认知距离则可能会获得更多的新知识。

由于主体的认知基础、学习潜力和吸收能力的不同，加之知识的累积性、缄默性和地方性的特性，因此只要主体的专有知识很难被竞争者模仿，那么认知距离就会永远存在。认知视角的研究者认为，企业的知识获取和知识学习本质上是一个认知的过程，在根本上取决于企业自身对外部信息的识别、认识、理解[148]。传统研究认为，技术差距是主体间知识溢出存在的必要条件，技术差距与知识溢出效应呈"倒 U 形"关系。相对认知距离很可能影响了区域中知识传播方式和结构，区域中的知识溢出不是集体的和无差异的，而是由其中企业的知识基础决定的，并且是结构化的。

知识溢出的发生受到主体认知距离的重要影响，较小的认知距离可能带来更高的理解能力，而较大的认知距离则可能获得更多的新知识。桑坦杰洛（Santangelo）在研究欧洲电子业时发现，参与者彼此间的技术组合越相似，吸收彼此知识的能力越强[149]。坎特韦尔（Cantwell）和桑坦杰洛的研究表明，企业中重叠性的知识是集群成长的关键因素，但同区域企业能力的重叠过多，对相互研发是一个阻碍，因为没有知识的互补性[150]。

2.5.3.4 吸收能力与知识溢出

经济主体利用外部知识的关键在于其吸收能力，这一能力包括识别、消化和利用外部知识的能力。在一个区域拥有大量外部知识的情况下，要成功利用这些知识，就需要具备充足的知识储备和吸收能力，才能够理解、评估、融合和运用外部环境中的知识，从而将其转化为可应用的形式。通常，吸收能力包括获取和识别外部知识、消化、转化和利用四个主要过程，这意味着经济主体需要具备从获取新知识到商业化应用的全过程能力。吸收能力的发展源自经济主体长期的投资和知识积累，因此具有累积性和预期效应。这也反映了吸收能力的发展受到路径依赖性的影响，即过去的投资和积累对当前和未来的吸收能力具有重要影响。

知识差距和认知距离为知识溢出提供了条件和可能性，而主体能否将溢出的知识变为已有归根结底取决于接受者的吸收能力。对于同等量的共享知识，由于个体学习能力的差异，共享知识带来的效益是有所差异的。换言之，不同的个体单元对于共享知识的响应是有差异的，从而出现溢出差异和溢出的局限性。因此产出端溢出和接收端溢出是有区别的，吸收能力的不同决定了知识溢出的沉淀，共享知识的产出没有表现到接受端的实际利益中，属于一种潜在的利益存在，具有极大的不确定性，这也是知识溢出不同于一般外部性的突出特点。

影响知识吸收能力的因素涵盖了多个方面，包括企业的知识储备、人才素质、研发投入及区域内的制度安排等[151]。人力资本作为知识的主要承载者，是知识吸收能力的重要来源，其对知识的理解和应用至关重要。企业之前积累的相关知识是区域吸收能力的基础，为后续知识的吸收和利用提供了条件。研发活动则是提高吸收能力的保障，通过研发可以推动技术进步和企业学习，进而增强区域的知识吸收能力。此外，吸收能力还受到知识溢出类型和机制的影响，如自然科学和社会科学等不同类型的知识溢出，以及研发合作溢出或人才流动溢出等不同机制，对主体的吸收能力提出了不同要求。

2.5.3.5 社会网络与知识溢出

从社会关系的角度来看，区域不仅仅是一些企业的集合，而是一种超越单一企业的网络化组织形式。在这种组织形式中，多个企业和机构之间存在密切相关性和互动，它们在制度和文化等背景因素的影响下，形成了一个复杂的网络结构体系。斯托珀（Storper）提出了非贸易性依赖的概念，用以描述企业间基于无法通过交易实现的传统、规则、文化、制度、价值观等形成的相互依赖关系，并认为这种非贸易性依赖与基于分工而形成的贸易性依赖共同促进了企业间知识的传播和溢出[152]。

社会网络能够连接起不同区域、产业、群体和个人，有助于形成具有历史延续性、共同信任和理解的网络。通过有效的信息交流，社会网络促进了区域或群体中知识的持续流动和扩散，特别是隐性知识的溢出。这种中间类型的制度安排实际上是一种混合契约，其中以意会性低的知识的交易为基础的经济契约的重要性已经大大降低，取而代之的是以意会性高的知识的交易为基础的关系契约。这种关系契约的形式本质上属于区域创新网络，它凸显了区域创新活动中知识资源的典型配置方式。

区域创新网络的概念包括以下五个方面的基本内涵：第一，应付系统性创新需求的一种制度安排；第二，以生产企业、研究与开发机构、高等院校、政府和服务机构为行为主体；第三，不同的行为主体之间通过关系契约，构成创新网络的组织结构和空间结构；第四，行为主体通过进行频繁的知识交流与互动，主要是意会性高的知识，获得知识溢出实现创新；第五，通过网络结构的不断调整，维持创新运行和可持续发展，并对区域社会、经济和生态产生影响。

库克将基于信息和知识交流的非贸易关系称为"邻近资本"，它直接影响到知识溢出，特别是隐性知识的传递[153]。这种"邻近资本"在研究创新网络时一般用"社会资本"来表征。目前，关于社会资本的实证研究文献通常将其分为三个主要维度：结构资本维度、关系资本维度和认知资本维度。结构资本涉及网络参与者之间联系的总体模式，即涉及与谁建立联系及联系的方式。关系资本则指网络成员之间的信任程度，包括彼此之间的信任、合作和支持程度。而认知资本则涉及网络成员之间互相理解的程度，包括他们对彼此知识、技能和资源的认知程度。

许多微观研究表明，与中等规模研究假设的同质企业相反，区域内的企业呈现出高度异质性，这种异质性在知识基础、嵌入程度和网络地位等方面得到体现[154]。卡佩洛（Capello）和法吉安认为，由于区域中的企业通常具有共同的制度禀赋和关系邻近性，这有助于促进企业之间的知识传播和集体学习，从而推动知识的溢出[155]。集体学习并不局限于特定的地理空间，它实际上是由具有共同文化价值观的企业所形成的领地，在这个领地中，企业间的知识传播促进了区域中非结构化的、一致均匀的知识流动[156]。欧文-史密斯（Owen-Smith）和鲍威尔（Powell）的研究结果表明，区域内企业的制度性角色和网络位置存在显著差异，这对于企业间知识传播的开放程度或封闭性有着重要的影响[157]。

总的来说，知识溢出的影响因素不仅涉及发出方和接收方之间的空间距离，还包括发出方的控制能力、接收方的吸收能力及两者之间的知识缺口、认知距离和社会网络等因素。这些因素共同影响着知识溢出的程度和范围。

2.5.4 知识溢出的空间特性

2.5.4.1 知识溢出的本地化特征

知识溢出的本地化特征是其空间属性的一个重要方面，意味着知识溢出更倾向于在特定地区内部发生。这种本地化特征主要受两个因素的影响：知识本身的局部性和知识的局部外部性。由于知识溢出受到空间局限的影响，在宏观层面上表现为创新呈现地理集中的特征。创新的产生既依赖于知识的积累和要素投入，也受到本地区相邻地区创新主体知识溢出的影响。由于知识溢出具有局部性特征，其影响通常局限在本地区范围内。在实践中，知识的创新不仅推动着创新主体自身的创新产出，还通过溢出效应影响到其他相邻、相关的主体，形成连续的知识溢出链。这种连锁反应进而引起区域创新在空间上的收益递增，从而加速了创新活动在特定地区内的聚集和集中。

设定既定区域内某一创新主体（知识生产部门）K的私有技术性知识、技术和信息存量为x_a，其他的创新投入要素分别为x_{b1}，x_{b2}，$\cdots$，x_{bm}，首先，假设该企业的规模不变，当企业之间的地理距离较远，主体间不产生知识溢出，因此也不能接受其他企业的知识溢出，此时的知识生产函数可以表达为：$k = K(x_a, x_{b1}, x_{b2}, \cdots, x_{bn})$；在一定的条件下，如地理邻近，企业之间的合作或互动联系频繁，尤其是面对面地信息交流，知识溢出就产生了，一个企业可以无偿地从其他企业的知识溢出中收益。如果在此区域内，创新主体数量为n，设整个区域具有潜在的可以发生溢出效应的所有的技术和知识的总量为X_A，那么则有$X_A = x_a \cdot n$。

一般来说，存在知识溢出时，由于知识和信息的差异化和互补性，区域内

X_A 往往会大于没有溢出时的 x_a 的简单叠加。但同时，知识的溢出效果通常会受到企业知识利用环节，如吸收能力的影响，而不能实现其全部创新性的效果。因此，为了简化且不影响结论，在这里仅仅考虑 X_A 变化的影响。当发生知识溢出时，企业的创新生产函数变为

$$k = K(x_a, x_{b1}, x_{b2}, \cdots, x_{bn}) \Leftrightarrow k = K(x_a, x_b) \Leftrightarrow k = K(x_a, X_A, x_b) \qquad (2.1)$$

其中，$x_b \in (x_{b1}, x_{b2}, \cdots, x_{bn})$。

在 $k = K(x_a, X_A, x_b)$ 中，K 一方面是 x_a 和 x_b 的规模报酬不变的函数，另一方面又是 X_A 和 x_a 的规模报酬递增的函数。X_A 对企业创新的效应即为因创新主体互动、合作等而带来的外部知识溢出的效果。假定 t 时期的社会创新性知识、技术和信息的总体水平为 $X_{A(t)}$，其反映知识存量的变动，因此 t 时期所有创新主体的 $X_{A(t)}$ 是给定的。此时，创新主体知识生成的私人边际创新产出即为

$$\frac{\partial K(x_a, X_A)}{\partial x_a} \qquad (2.2)$$

就既定区域而言，当基于地理邻近因主体互动、合作而产生知识溢出时，此时的创新主体的社会边际创新产出则为

$$\frac{\partial K(x_a, X_A)}{\partial x_a} + n\frac{\partial K(x_a, X_A)}{\partial X_A} \qquad (2.3)$$

显然有

$$\frac{\partial K(x_a, X_A)}{\partial x_a} + n\frac{\partial K(x_a, X_A)}{\partial X_A} > \frac{\partial K(x_a, X_A)}{\partial x_a} \qquad (2.4)$$

在基于空间邻近性的主体互动和合作促进知识溢出的情况下，知识要素的边际社会产出高于没有知识溢出时的边际社会产出。同时，知识溢出增加了社会中的知识信息和技术存量，从而实现了整个地区创新的报酬递增。这种报酬递增的规模取决于区域内创新企业的数量、创新主体的边际私人产出及对外部知识的利用效率。因此，由于知识的局部外部性，以及受到空间距离、认知距离和社会网络等因素的影响，知识溢出更多地发生在企业集聚的区域。此外，

便于企业间建立互动合作关系，增加了面对面交流的机会，从而促进了隐性知识的溢出。这些特点体现了创新的空间局限性，或者说知识溢出的本地化特征。

2.5.4.2　知识溢出的地理衰减性

知识溢出空间特征的另一个关键维度就是地理衰减性。地理衰减性揭示了知识溢出更倾向于在距离较近的地区之间发生的现象。从宏观角度来看，这体现为创新的地理溢出。根据知识在时间和空间中的扩散特征，创新的地理扩散可以分为两种形式：蔓延式溢出和等级式溢出。由于创新地理溢出主要依赖于人们之间的接触和区域创新要素的流动，因此距离和时间成为影响创新地理溢出的主要因素。这种创新的地理扩散更接近于蔓延式溢出。蔓延式的创新地理溢出可以用距离衰减函数来表示：

$$P(r) = Ae^{-Br} \tag{2.5}$$

其中，$P(r)$ 为创新在距离创新源 r 处的被接受比率，A 为常数，e 为自然常数，B 为距离参数。创新随时间的地理溢出通常为"S型"分布，即创新在开始时仅仅被少数人接受，随着成本的降低和对新知识的需求的提高，创新被更多人所接受，最后知识得到普及，溢出的速度降低。

距离衰减函数描述了创新在空间上的扩散过程，即创新的传播随着地理距离的增加而逐渐减弱。这意味着距离较近的地区之间的创新溢出效应更为显著，而距离较远的地区之间的溢出效应则逐渐减弱。距离衰减函数的形式可以根据具体情况而定，但通常呈现出指数衰减的趋势，即初始时创新的溢出效应较大，随着距离的增加，溢出效应逐渐减弱至接近零。在实践中，距离衰减特征影响着创新的传播和影响范围，促使创新主体更倾向于与距离较近的地区进行合作和交流，以获取更多的创新资源和知识。这种距离衰减特征也反映了地理位置在创新过程中的重要性，为促进区域创新和经济发展提供了重要的参考依据。

2.6　吸收能力理论

2.6.1　吸收能力的概念与内涵拓展

2.6.1.1　吸收能力概念的提出

科恩（Cohen）和利文索尔（Levinthal）首先提出了吸收能力的概念，这一概念源于对研发活动的深入研究[158]。科恩和利文索尔企业的研发投资具有两重性：研发投资不仅是推动新产品和生产工艺创新的因素，而且可以增强企业识别、吸收和利用外部知识的能力，这种能力可被称为组织的学习能力或吸收能力。科恩和利文索尔强调长期学习成本对企业的重要性，指出企业需要不断积累先验知识，作为形成自身吸收能力的基础。研发投资的重要作用之一是建立自己的知识库。因此，研发投资不仅包括创新和知识创造，还涉及学习和吸收能力的提高。他们认为，企业通过投入研发活动积累吸收能力，进而影响技术进步和吸收、学习与模仿外部知识的能力，从而提高企业的技术实力和竞争地位。吸收能力通常包括三个关键方面：一是识别适合模仿和学习的对象的能力；二是具有较强的模仿和消化的知识和技术；三是将消化后的知识和技术应用于商业生产的能力。

接着，在1990年，科恩和利文索尔将吸收能力定义为"公司现有知识库识别、吸收和消化新的外部知识并将其应用于商业化的能力"[159]。他们指出，创新并不仅仅依赖于新的发明，而可能源于外部知识的借鉴和分享。他们否定了创新只是研发部门的责任的观点，认为组织内部各部门（如营销和制造部门）的信息投入和知识积累对创新也起着重要作用。为了真正利用外部的技术知识，企业必须建立互补的内部专业知识和吸收能力。随后，在1994年，科恩和利文索尔进一步扩展了吸收能力的内涵，将其定义为识别、吸收和应用外部知识及预测产业技术机会的能力[160]。他们认为，通过不断增加研发投入，企业不仅可以提高吸收能力，还有助于其准确识别未来的技术机会，因此现在的研发投入对未来的回报至关重要。

2.6.1.2 吸收能力内涵的拓展

科恩和利文索尔对研发支出与吸收能力关系的研究为后续学者提供了重要的启示。在动态能力理论的基础上，扎赫拉（Zahra）和乔治（George）进一步将吸收能力定义为"组织获取、吸收和转化具有潜在效用价值的外部知识，整合内外部知识，产生新知识，并将其应用于商业组织实践和过程的能力"。他们认为吸收能力可被划分为两个方面：潜在吸收能力和实际吸收能力。前者是指获取和吸收外部知识的能力，后者是指对外部知识进行转化和商业化的能力。此外，他们将企业知识吸收能力分为四个维度：获取能力、吸纳能力、转化能力和利用能力[161]。莱恩（Lane）等将吸收能力的概念进一步具体为"企业通过探索性学习、转化性学习和剥削性学习的过程来促进外部知识的使用"。其中，探索性学习用于识别和理解新的外部知识的价值；转换学习用于消化新知识；发展性学习用于利用新知识创造商业价值[162]。

2000年以后，学者们借鉴企业层面关于知识吸收能力的研究成果对区域知识吸收能力进行界定，并展开一系列相关研究。穆克吉（Mukherji）和西尔伯曼（Silberman）认为，区域吸收能力是在特定区域内识别、获取、消化和利用外部知识的综合能力，是给定资源禀赋和区位条件下的内生空间引力[163]。他们将区域吸收能力划分为三类：一是吸收转化能力，二是外部知识获取和内部传播的能力，三是潜在吸收能力和实际吸收能力。区域吸收能力已被广泛用于解释区域创新和增长的动态过程，并成为区域研究领域的一个重要课题。

2.6.2 吸收能力数理模型

在科恩和利文索尔关于吸收能力的研究之前，大多数经济学家认为，知识和技术是公共产品，公共知识对企业的影响不需要成本。企业吸收外部知识的成本可以忽略不计[164]。但科恩和利文索尔反对这种观点，并研究了吸收外部知识的直接成本[158]。为了对成本进行深入的研究，他们对企业的知识存量和利润进行了建模。该模型的前提假设包括：学习的长期成本相当大；大部分成本来自培养现有的知识库，这些知识库构成了企业的吸收能力；企业研发支出受学习动机的影响；企业对吸收能力的投入取决于需要吸收的知识量和学习难度；学习的难度取决于创新所需要的技术和科学知识的特点。

企业知识存量模型可表示为

$$z_i = M_i + \gamma_i \left(\theta \sum\nolimits_{j \neq i} M_j + T \right) \tag{2.6}$$

其中，z_i 代表企业 i 拥有的知识存量，z_i 的提升能够增加企业 i 的总利润 π_i，但其增速是递减的，即 $\frac{\partial \pi}{\partial z} > 0, \frac{\partial^2 \pi}{\partial^2 z} < 0$；$M_i$ 代表企业 i 的自主研发投入；γ_i 代表企业 i 吸收公共领域知识的参数，也即其知识吸收能力；θ 代表行业内的知识溢出大小；M_j 代表行业内其他企业的研发投入；T 代表行业外部的知识水平。也就是说，$\left(\theta \sum\nolimits_{j \neq i} M_j + T \right)$ 代表企业 i 所能接触到的外部知识总量，$\gamma_i \left(\theta \sum\nolimits_{j \neq i} M_j + T \right)$ 代表企业 i 对外部知识的实际吸收量。

公司可以通过自主研发增强吸收外部知识的能力，但随着时间的推移，提高的速度逐步放缓，即 $\frac{\partial \gamma}{\partial M} > 0, \frac{\partial^2 \gamma}{\partial^2 M} < 0$。考虑到吸收能力的积累性质及研发努力程度的影响，科恩和利文索尔将吸收能力参数 γ_i 定义为 M_i 和 β 的函数，即 $\gamma_i = \gamma(M_i, \beta)$，并赋予 β 较宽泛的含义，认为变量 β 反映了外部知识的特征，这些特征使研发活动对维持和发展吸收能力至关重要。β 值越大，说明企业吸收外部知识的能力更依赖于自身的研发工作。因此，β 值代表待学习的知识的难易程度，β 满足以下两个假定：其一，随着学习难度的增加，研发对企业吸收能力的边际效应会逐渐增大 $\left(\frac{\partial^2 \gamma}{\partial M \partial \beta} > 0 \right)$；其二，当企业的研发支出稳定在一定水平时，提高学习难度会降低企业的吸收能力$\left(\dfrac{\partial\gamma}{\partial\beta}<0\right)$。知识存量模型解释了吸收能力的重要性及其机制。

科恩和利文索尔进一步构建了在不确定性下的跨期吸收能力生成模型及垄断厂商利润最大化的投资决策模型，以更准确地描述吸收能力的性质[160]。该模型假设公司的经济利润是其吸收能力和第二阶段特异性的函数。他们将总利润定义为投资回报和吸收能力的函数，即$V(S,\gamma)$，其中，S由外部知识水平决定，代表着企业在第二期期末的投资回报；$\gamma=\gamma(I_1,I_2)$分别由第一期吸收能力投资I_1和第二期吸收能力投资I_2共同决定，代表企业第二时期的吸收能力大小。他们认为第一阶段的投资将产生递减的边际收益$\left(\dfrac{\partial\gamma}{\partial I_1}>0,\dfrac{\partial^2\gamma}{\partial^2 I_1}<0\right)$。在只有两个时期时，可以假定第二时期投资额$I_2$的边际收益为零，即$\dfrac{\partial\gamma}{\partial I_2}>0,\dfrac{\partial^2\gamma}{\partial^2 I_2}=0$。此外，为了说明吸收能力的累积性质，他们假设第一阶段投资对第二阶段投资的边际效应是正的$\left(\dfrac{\partial^2\gamma}{\partial I_1\partial I_2}>0\right)$。最后，在一定的吸收能力水平上，企业的投资回报与其利润成正比$\left(\dfrac{\partial V}{\partial S}>0\right)$，且企业的利润随着吸收能力的增加而增加，但边际效应降低$\left(\dfrac{\partial V}{\partial\gamma}>0,\dfrac{\partial^2 V}{\partial^2\gamma}<0\right)$。

2.6.3　吸收能力的影响因素

由于吸收能力产生的结果受到其形成过程和质量的影响，学者们热衷于探索影响吸收能力的各种因素。

从企业维度看，科恩和利文索尔认为吸收能力是企业先验知识（prior relate knowledge）水平的函数，而企业的先验知识不仅包括员工的基本技能、学历、知识的多样性、理解能力，还包括某一领域最新科技发展的相关知识[159]。企业的先验知识通常受到自身研发水平的影响。企业通过自身的研发投入，可以利用和获取更多的外部信息，企业的吸收能力可能是其研发投入的副产品。弗兰斯（Frans）和汉克（Henk）认为，吸收能力的主要影响因素是企业的先验知识（包括学习经验与基本技能）和组织管理因素（如企业内部的共享机制和知识交流）[165]。惠特克（Whittaker）等认为，公司的先验知识（知识多样性）、研发投入、内部网络连接和外部网络连接是影响吸收能力的重要因素[166]。隆德（Lund）认为，公司的吸收能力受高学历员工比例、内部网络连接强度和公司人力资本管理模式的影响[167]。陈（Chen）、拉塞尔（Russell）和莫尼卡（Monica）研究了客户关系、现有知识多样性和经验对企业吸收能力的影响[168]。托拜厄斯（Tobias）认为，影响企业吸收能力的因素包括研发活动、先验知识和个人技能及组织内部的知识共享机制。企业的研发活动包括研发支出、持续创新活动及是否有研发实验室；先前的知识和个人技能包括员工的教育水平、技术看门人、经验和技能；内部知识共享机制包括部门的协调程度、员工的沟通程度、知识共享的激励、组织文化等。他实证分析了研发活动、知识转移激励和人员素质对吸收能力的影响[169]。贾斯廷（Justin）对组织管理对企业吸收能力的影响进行了更深入的研究。其研究将吸收能力分为潜在吸收能力和实现吸收能力两个维度，并研究部门间协调、员工参与决策、岗位轮岗制度对这两个维度的影响。贾斯廷的研究结果表明，部门间协调能力和员工轮岗程度对企业潜在吸纳能力有重要的正向影响；员工决策参与程度对企业获取外部知识有正向影响，但与企业消化外部知识的关系不显著；部门协作程度、员工轮岗程度与整合吸收能力呈正相关，与利用能力无显著相关；决策参与程度与整合能力呈正相关，与运用能力无显著相关[170]。梅特（Mette）等利用丹麦、德国、英国、荷兰、法国、希腊和意大利7个欧洲国家577家企业的调查数据，实证研究了研发投资强度、员工教育水平和培训投入对企业吸收能力的影响[171]。尼科莱（Nicolai）等研究了企业知识共享机制及其对吸收能力和创新绩效的影响[172]。陈劲等的研究表明企业的吸收能力受到其在社会网络中的位置、外部知识获取渠道,以及与外界联系的频繁程度等因素的影响,而企业的研发活动和外部网络关系则在此过程中发挥着重要作用[173]。

由此可见,影响企业吸收能力的因素可归纳为四类。第一类是企业先验知识,包括企业拥有的显性知识及其人力资本。企业的显性知识包括技术、专利和行业最新发展信息。企业的人力资本包括员工知识的多样性和重叠性、员工的教育背景、基本技能、学习或工作经验、企业是否有看门人等。第二类是企业研发活动,包括研发投入强度、是否从事持续创新活动及是否拥有研发实验室。第三类是企业组织管理因素,包括员工轮换制度、员工参与决策程度、企业权力下放程度、企业内部知识转移和共享的激励措施、组织文化等。第四类是企业外部网络连接,包括企业与其他企业或机构的正式合作、企业的客户关系、外部网络关系等。企业吸收能力影响因素具体见表2.3。

表2.3　企业吸收能力影响因素

影响因素分类	子因素
企业先验知识	企业的显性知识（技术、专利、行业最新发展信息）
	员工知识的多样性
	员工知识的重叠性
	员工的教育背景或高学历员工比例
	员工基本技能
	员工学习或工作经验
	是否拥有企业看门人
企业研发活动	研发投入强度
	是否从事持续创新活动
	是否拥有研发实验室
企业组织管理因素	员工轮换制度
	员工参与决策程度
	企业权力下放程度

影响因素分类	子因素
企业组织管理因素	企业内部知识转移和共享的激励措施
	组织文化
企业外部网络连接	企业与其他企业或机构的正式合作
	企业的客户关系
	外部网络关系

从区域角度来看，由于吸收能力原本是组织战略管理领域的一个概念，因此区域吸收能力的影响因素主要来源于企业的知识吸收能力。然而，学术界对区域吸收能力的具体维度和内涵尚未达成共识。在实证研究中，为区域吸收能力选择的代理变量也不一致。布洛姆斯特伦（Blomström）等认为人力资本是影响区域吸收能力的重要组成部分[174]。李杏将对外开放程度、人力资本和基础资源作为吸收能力，也有学者认为区域知识吸收能力是一个地区识别、获取、消化和利用外部技术的综合能力[175-179]。上官绪明研究了中国省级吸收能力，认为吸收能力是指一个省份对省内和省外知识和技术的识别、获取、消化、转化、利用和再创新能力[180]。他借鉴了扎赫拉和乔治关于知识吸收能力的"两部分四维度"法，将区域内外技术的识别、获取、消化能力合并称为"潜在吸收能力"，将区域内外技术的转化、利用和再创新能力合并称为"现实吸收能力"[161]。王军和常红指出，区域吸收能力是一个多维度的概念，涵盖了知识获取、知识消化、知识转换和知识应用四个维度。他们建立了指标体系，利用主成分分析法计算区域吸收能力的综合指数[59]。朱丰毅和桂文林则将区域吸收能力视为与空间知识溢出强度相关的函数[60]。

可以看出，虽然文献中对知识吸收能力的表述存在一定的差异，但本质上都是在科恩和利文索尔模型的基础上进行扩展和发展的，大致认为知识吸收能力涵盖了识别、评估、消化、转化和应用外部知识的能力和过程[158-160]。

2.7 新经济地理学理论

2.7.1 发展阶段

新经济地理学是20世纪80年代末到20世纪90年代初在经济学领域内涌现的一个新的研究方向，它引入了空间地理因素，构建了新的三维分析模型。其主要目的是通过研究生产活动的空间集中机制，揭示地理空间因素对区域经济增长的影响规律。新经济地理学理论的发展大致可以分为以下三个阶段。

第一，基础阶段（20世纪80年代末到20世纪90年代初）。克鲁格曼（Krugman）在《收益递增和经济地理》中，首次提出了空间地缘经济学的定义，为空间经济学的发展指明了新的研究方向[181]。克鲁格曼认为，经济活动的空间分布具有收益递增效应，导致经济活动呈现集中和分散两种趋势，从而形成非线性动态的经济增长模式[181]。克鲁格曼在《地理与贸易》中，详细阐述了新经济地理学理论及其分析方法，这标志着新经济地理学理论的诞生。他认为，经济发展的空间分布是由产业集聚和分散化决定的，并构建了新经济地理学的空间分析框架，强调空间因素对经济增长和区域发展的重要性，提出了"中心—边缘"模型和"新竞争理论"，运用数学模型和实证分析方法揭示了空间经济学的规律和机制。

第二，发展阶段（20世纪90年代中期到21世纪初）。这一阶段，新经济地理学理论逐渐丰富，研究对象从单一的产业集聚和城市规模扩展到国际贸易、城市体系和经济增长。学者们提出了许多新的理论模型，如"峰值效应模型""城市空间结构模型"和"空间分散模型"等。

第三，深化阶段（21世纪初至今）。在这一阶段，新经济地理学理论更加深入和具体，主要包括对空间知识重要性、空间扩散效应、经济增长与城市化等方面的研究。与此同时，新经济地理学开始采用更精确的经济方法，如空间计量GIS技术。新经济地理学经历了从基础阶段、发展阶段到深化阶段的发展过程，提出了许多重要的理论模型和研究方法，为更深入地认识经济地理现象奠定了理论基础。

新经济地理学的研究与传统经济理论和经济地理的研究有所不同，它采用了报酬递增和不完全竞争理论假设。传统经济地理学理论基于规模报酬不变和完全竞争的假设，预测在没有基本差异的情况下，经济活动会沿着空间均匀分布。然而，现实世界中，我们经常看到不同层次的经济活动在空间上高度集聚的现象，即使在20世纪初，马歇尔也无法回避这一事实。由于规模报酬不变是马歇尔新古典经济学说的基本假设之一，他只好用"外部经济"一词来概括各种生产活动的集聚。这种外部经济表现为公司水平的规模报酬不变，而社会性的报酬递增。在规模报酬不变的假设下，虽然外部经济学可以在一定程度上解释产业集聚，但这种外部经济从何而来尚不清楚。此外，问题不仅在于用外部经济学来解释产业集聚本身，还在于越来越多的经济学家认为有必要反思规模报酬不变和完全竞争假设的有效性。

然而，长期以来，规模报酬递增和不完全的竞争一直是经济学家们难以驾驭的问题。直到1977年，迪克西特（Dixit）和斯蒂格里茨（Stiglitz）用数学模型将张伯伦的垄断竞争概念正式化后，对规模报酬递增的研究才真正在经济界引发了一场实质性的革命。根据迪克斯特-斯蒂格尔茨（D-S）模型的假设，消费类型和生产分工程度对市场规模是内生的。一方面，经济中的消费者更喜欢多样化的消费，因此消费品种类越多，效用水平就越高；另一方面，消费品生产在制造商层面具有规模经济，有限的资源导致了规模经济和多样化消费之间的困境。如果人口规模或可用资源增加，将有更多的市场空间来平衡上述冲突。制造商进一步分工以满足消费者需求，不仅可以实现规模经济，还可以让消费者有更多的品种选择，效用也会增加。D-S模型还为解决复杂的经济地理问题提供了一个难得的分析框架。在一个报酬递增和不完全竞争的世界里，经济活动的演变不再是线性的，而是由非线性动力学主导的。经济活动空间集聚所呈现的循环累积因果关系不就是一个活生生的非线性蜘蛛网图吗？假设有足够强大的规模经济，任何制造商都会选择一个单一的地点来服务一个国家的市场。为了降低运输成本，他无疑会选择一个当地需求高的地方。然而，只有大多数制造商选择运营的特定地区才会有大量的当地需求。因此，一旦一个产业带建立起来，在没有外部干扰的情况下，这种循环将会长期延续下去，这就是布赖恩·亚瑟所谓的集聚的路径依赖特性（path-dependent）。从某种意义上说，产业集聚很可能起源于历史上的偶然事件。如果专业化生产和贸易是由报酬递增而不是比较优势所驱动的话，那么特定产业在特定位置形成集聚的情况通常是不确定的，而是"历史依赖"（history-dependent）的。但无论是出于何种原因，一旦某种专业化生产与贸易格局形成，从贸易中获得的利益就会形成一个积累循环，进而加强这一格局并进一步锁定（locked-in）。因此，新经济地理学研究中采用报酬递增和不完全竞争假设是十分合理和自然的选择。

2.7.2 "核心—边缘"模型

1991年，经济学家保罗·克鲁格曼（Paul Krugman）在《收益递增和经济地理》一文中，在D-S模型的基础上，提出了核心—边缘模型（Core-Periphery Model，简称C-P Model）[181]。核心—边缘模型的问世是新经济地理学的重要里程碑，其后不断得到其他学者的进一步补充完善和创新，包括克鲁格曼本人在内，为新经济地理学的许多模型提供了理论基础。核心—边缘模型是一个经典的空间经济模型，它试图解释制造业和人口在空间上的分布格局及这种分布格局的演变过程。在这个模型中，经济系统被划分为工业核心区和农业边缘区，这种划分是根据经济活动的特征和产出的地理分布而来的。最初，模型假设经济系统处于对称状态，即各个地区的经济结构和人口分布相似。随着时间的推移，制造业的发展和人口的迁移导致了工业核心区和农业边缘区的形成。工业核心区通常具有较高的制造业发展水平和人口密度，而农业边缘区则相对落后，以农业活动为主。核心—边缘模型通过数学分析展示了这一演变过程是如何内生地发生的，即在模型的基础上，不需要外部干预，经济系统就会自发地产生工业核心区和农业边缘区。这对于理解经济地理学中的空间结构形成和变迁具有重要意义。核心—边缘模型探讨了运输成本、要素移动及规模效益递增对经济结构空间演变的影响。在该模型中，生产者和消费者的最大化行为共同塑造了生产的短期均衡，受到外生流动要素的影响，而长期均衡则是内生的。在两地实际工资差的驱动下，劳动力要素流动趋向稳定。

核心—边缘模型所研究的经济系统包括两种要素、两个部门和两个区域，也可以被视作"2×2×2模型"。其基本假设可以概括为以下五点。第一，经济上有南北两个区域，在偏好、技术、开放和初始要素禀赋方面是对称的。第二，生产部门分为农业部门和工业部门，每一个部门都只使用劳动力作为生产要素。其中，农业部门的劳动力（以下简称"农民"）是非流动的（由于核心边缘模型关注工业部门和工业劳动力的迁移，假设农民不具有流动性），而工业部门的劳动力（以下简称"工人"）可以自由（无成本）流动，并受两个地区实际工资差异的驱动。第三，在完全竞争市场和规模收益不变的条件下，农业部门生产同质产品，因此市场上只存在一种农产品。每单位产出需要投入一定数量的农民作为可变成本。而工业部门在垄断竞争市场和规模收益递增的情况下运作。每个工业企业生产一种差异化产品，但产品之间具有相同的替代弹性。每个企业需要一定数量的工人作为固定成本，并且每单位产出需要一定数量的工人作为可变成本。第四，农业和工业部门的产品可以在区内和区际进行贸易，但交易成本不同。农产品在区内和区际贸易都没有成本；而工业产品在区内贸易没有成本，在区际贸易中存在着冰山交易成本。所谓的冰山交易成本是指物品在运输过程中损失的一个固定比例，这里的交易成本不仅包括实际运输过程中支付的费用，还包括由区域间贸易障碍引起的各种成本。第五，工业劳动力占比等于产业占比，因此不存在工业劳动力失业问题。各地区所有的消费支出都来自收入，所有的收入也都用于消费。

核心—边缘理论指出，任何国家都由核心区域和边缘区域构成。核心区域通常是由城市或城市集群及其周边地区组成，其边缘由核心区域与外围地区的关系来确定。核心区域通常包括工业发达、技术水平较高、资本密集、人口密集、经济增长速度较快的地区，包括国内都市区、区域中心城市、亚区的中心和地方服务中心。而边缘区域则相对于核心区域而言经济相对落后，可以进一步分为过渡区域和资源前沿区域。过渡区域包括上过渡区域和下过渡区域。上过渡区域是连接两个或多个核心区域的开发走廊，尽管位于核心区域的外围，但与核心区域之间建立了一定程度的经济联系。受核心区域影响，该地区的经济发展趋势向上，就业机会增加，吸引移民，具有资源有效利用和经济持续增长等特征。这些区域有可能形成新的城市、附属的或次级的中心。下过渡区域的社会经济特征处于停滞或衰退的状态。这些地区可能曾经有中小城市的发展水平，但由于初级资源的消耗、产业部门老化、缺乏成长机制的传递及与核心区域的联系不密切等原因导致经济衰退。资源前沿区域，又称资源边疆区，虽然地处边远，但拥有丰富的资源，并具有经济发展潜力。这些地区有可能形成新的城镇，并有望发展成为次一级的核心区域。

核心—边缘模型认为，要素流动会形成两种相反的作用力：向心力和离心力。向心力主要来源于两种循环因果链：与需求相关的后向联系和与成本相关的前向联系。这两种循环因果链分别产生具有后向关联的价格指数效应和具有前向关联的本地市场效应。这些效应构成了使生产要素集中的集聚力。消费者为了提高实际工资率通常会选择生活成本较低的地区，而制造业企业则倾向于选择市场需求较大的地区，以降低运输成本并实现规模经济。因此，由于后向和前向联系，一个经济规模较大的区域的制造业会出现一种自我持续集聚的现象。离心力的形成源于市场的拥挤效应和竞争效应。在核心—边缘模型的空间经济演化中，两个区域最初是对称的，但随着贸易自由度和要素流动性的提高，离心力和向心力的作用强度会不同。然而，离心力通常小于向心力，导致经济出现突发式的聚集，而且这种聚集具有路径依赖性。因此，在突变点处，对称均衡会瓦解。尽管经济不断演化，但如果没有强大的冲击力，经济的不均衡结构将会被维持。因此，政府要改善区域不平衡的情况就需要提供足够大的政策冲击。

根据核心—边缘理论，在区域经济增长的过程中，核心区和边缘区的发展关系存在不平衡。总体而言，核心地区处于主导地位，而边缘地区在发展上依赖于核心地区。由于核心和外围之间的贸易不平等，经济权力要素集中在核心地区，技术进步、高效生产活动和生产创新也是如此。核心区依靠这些优势从边缘区获得剩余价值，强化了资本、人口和劳动力从边缘区向核心区的流动趋势，构成了核心区与边缘区不平等的发展格局。核心区发展与创新密切相关。核心区存在潜在的创新需求，增强了核心区的发展能力和活力，进一步强化了核心区向边缘区扩散的主导地位。但核心区和边缘区的空间结构状态不是永恒不变的。核心区与边缘区的边界将发生变化，区域的空间关系将不断调整，经济区域的空间结构将不断变化，最终实现区域空间一体化。从本质上讲，核心边缘理论试图解释一个地区如何从脱节、孤立的发展转变为相互联系、不平衡的发展，如何从极端不平衡发展转变为区域系统相互联系、平衡发展。

2.7.3　全局溢出模型

1999 年，马丁和奥塔维诺（Ottaviano）提出了全局溢出模型（简称 GS Model）[182]。这一模型首次将内生经济增长理论引入新经济地理学模型中，目的在于阐明知识和技术如何在不同地区之间传播，并对经济增长和区域发展产生影响。在该模型中，资本溢出效应被假设为不存在空间衰减，认为资本溢出效应会影响新资本形成的成本，从而进一步促进资本的积累。全局溢出模型的一个核心特征是其考虑了经济增长的内生性，该模型强调内生增长的重要性，这意味着经济的长期增长不再仅仅受外部因素影响，而是受到内部资本积累和知识溢出的影响。在全局溢出模型中，资本的重新配置不再是一个短期过程，而是一个长期的调整过程。这种内生增长的机制使得经济发展更加动态和复杂，更符合现实经济体系的运行。全局溢出模型的另一个关键特征是对知识和技术溢出的考量。该模型认为，知识和技术的溢出不受空间距离的影响，即使在不同地区之间，知识和技术也能够自由流动。这种全局性的溢出效应使得经济活动不再受限于特定的地理范围，而是在全球范围内展开。全局溢出模型指出，资本的流动取决于贸易自由度。当贸易自由度较低时，资本会从资本较多的地区流向资本较少的地区，反之亦然。这种灵活的资本流动性导致经济增长和区域发展的动态变化，从而影响不同区域的经济地位和竞争优势。此外，全局溢出模型还强调了经济均衡与非均衡之间的动态调整过程。在模型中，资本的突发性集聚可以改变经济区位，从而影响经济增长轨迹和区域发展。全局溢出模型的出现使我们能够更好地理解知识和技术在全球传播的方式，以及这种传播如何影响经济结构和区域之间的关系。

2.7.4　局部溢出模型

2001年，鲍德温、马丁和奥塔维诺在全局溢出模型的基础上进一步提出了局部溢出模型（简称LS Model）[183]。局部溢出模型将知识和技术的外溢效应引入资本创造模型，旨在研究溢出效应对经济活动的内生增长和空间分布的影响。与全局溢出模型不同，局部溢出模型着重考虑了空间距离对知识传播的影响，即空间距离越近，知识溢出越显著，而随着空间距离的增加，外地知识资本对本地的溢出效应逐渐减弱。这样一来，知识溢出具有本地化特征，正是这种本地化特征赋予了局部溢出模型额外的集聚力，从而使得区域内的知识溢出成为促进区域非均衡格局向均衡格局转变的力量。因此，当贸易自由度达到一个突破点时，在市场拥挤与竞争效应、局部市场放大效应和局部溢出效应的共同作用下，如果总的集聚力开始大于总的分散力，并受到外部冲击时，就会导致一个地区的资本生产过程加快，而另一个地区的资本生产过程减慢，从而导致资本的空间分布发生变化。这种动态调整过程可能一直持续到所有资本集聚于某一区域，最终形成稳定的核心—边缘均衡状态。局部溢出模型的研究结果表明：在集聚经济中，由于知识和技术的溢出效应，创新成本显得较小，因此均衡经济格局下的经济增长率要低于核心—边缘模型经济格局下的经济增长率。区域之间的知识和技术溢出效应，成为了引致经济分散的力量，而促使经济均衡的离心力则源自知识和技术在本地的外溢[184]。

2.7.5 知识创新与扩散模型

新经济地理学将推动经济空间集聚的内生力量分为两种：一种是由传统经济活动（如商品和服务的生产与交换）产生的关联，被称为"经济关联"（E-Linkages）；另一种是由知识创新和知识传播所产生的关联，被称为"知识关联"（K-Linkages）。这两种关联都能导致经济集聚，引发集聚效应，是实际世界经济集聚的主要原因。

传统经济学通常使用"知识溢出"或"知识外部性"来描述知识创新和扩散对经济空间集聚的影响。然而，新经济地理学认为，"溢出"一词暗示着被动影响，而"外部性"则涉及太多复杂因素，这两者都无法准确表达知识创新和扩散对经济活动的集聚力的影响。因此，使用"知识关联"（K-Linkages）这一术语更为合适。贝林特和藤田及藤田自己分别对"知识关联"进行了详细界定，并建立了知识创新和扩散模型（TP模型）[185,186]。TP模型常被新经济地理学者们用于分析创新要素的空间流动。下面将从微观层面介绍TP模型的基本思路，为后文从宏观层面分析创新要素空间流动的均衡提供微观基础。

TP模型重点描述了两个个人（这里的个人也可以抽象为一个企业、区域或国家）之间的知识关联过程，以阐明知识创新和扩散的进行方式及其所产生的影响。假设两个个体 p 和 q 存在知识关联，p 和 q 的知识总量分别为 $K_p = D_{pq} + C_{pq}$，$K_q = D_{qp} + C_{qp}$，其中，K_p 和 K_q 分别为个体 p 和 q 的现有知识总量，

D_{pq}为p拥有的而q所没有的知识，D_{qp}为q拥有的而p所没有的知识，C_{pq}为二人间的共同知识，如图2.1所示。

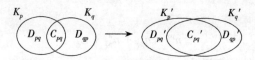

图2.1 两个个体之间的知识关联

假设在给定的时间t里，p和q个体的知识量为

$$n_p(t) = n_{pq}^c(t) + n_{pq}^d(t), \ n_q(t) = n_{pq}^c(t) + n_{qp}^d(t) \quad (2.7)$$

其中，$n_p(t)$和$n_q(t)$分别表示t时间处p和q的知识量，即分别表示t时间处K_p和K_q的大小，$n_{pq}^c(t)$为C_{pq}的大小，$n_{pq}^d(t)$为D_{pq}的大小，$n_{qp}^d(t)$为D_{qp}的大小。

在t时间处，p和q两个个体的知识创新能力为

$$a_p(t) = \alpha \cdot n_p(t), \ a_q(t) = \alpha \cdot n_q(t) \quad (2.8)$$

$a_p(t)$和$a_q(t)$分别为个体p和q在t时刻的知识创新能力，α是一个常数，$\alpha > 0$。此时在p和q之间还没有知识扩散，不妨表示为$b_{pq}(t) = 0, b_{qp}(t) = 0$。

当p和q之间开始进行合作交流时，两个个体间的知识扩散也在同步进行，那么t时刻p和q个体合作的知识创造可以表示为

$$a_{pq}(t) = \beta \cdot [n_{pq}^c(t) \cdot n_{pq}^d(t) \cdot n_{qp}^d(t)]^{1/3}, \ q \neq p \quad (2.9)$$

$a_{pq}(t)$为p在时间t时与q合作的知识创造率。β为常数，$\beta > 0$。此时在p和q之间开始存在知识扩散。若令γ为常数，$\gamma > 0$，那么p和q在t时刻的知识扩散可以表示为

$$b_{pq}(t) = \gamma \cdot [n_{pq}^d(t) \cdot n_{pq}^c(t)]^{1/2}, \ b_{qp}(t) = \gamma \cdot [n_{qp}^d(t) \cdot n_{pq}^c(t)]^{1/2} \quad (2.10)$$

p和q之间进行合作的前提基础是p和q具有一定共同知识并且各自具有创新能力。那么，当p和q之间开始合作时，p的知识创新与扩散总量可以表示为

$$\dot{n}_p(t) = a_{pq}(t) + b_{pq}(t), \ \dot{n}_{pq}^c(t) = a_{pq}(t) + b_{pq}(t) + b_{qp}(t), \ \dot{n}_{pq}^d(t) = -b_{qp}(t) \quad (2.11)$$

其中，$\dot{n}_p(t)$ 为 p 创新与扩散的总量，$\dot{n}^c_{pq}(t)$ 为共同知识部分的创新与扩散总量，$\dot{n}^d_{pq}(t)$ 为 p 所独有知识部分的创新与扩散总量。这时，p 和 q 的知识总量为

$$n^{pq} = n^c_{pq} + n^d_{pq} + n^d_{qp} \qquad (2.12)$$

各类知识所占份额可设为

$$m^c_{pq} \equiv m^c_{qp} = n^c_{pq}/n^{pq} = n^c_{qp}/n^{pq}, \quad m^d_{pq} = n^d_{pq}/n^{pq},$$

$$m^d_{qp} = n^d_{qp}/n^{pq}, \quad m^d_{pq} + m^d_{qp} + m^c_{pq} = 1 \qquad (2.13)$$

当 $p \neq q$ 时，p 和 q 的创新知识增长率 g 为

$$g = G(m^d_{pq}, m^d_{qp}) = a_{pq}/n_p \equiv \beta \cdot \frac{[(1 - m^d_{pq} - m^d_{qp}) \cdot m^d_{pq} \cdot m^d_{qp}]^{1/3}}{1 - m^d_{qp}}, \quad q \neq p \qquad (2.14)$$

TP 模型认为，p 和 q 之间的知识创新和扩散的效率是不同的：当 $g > \alpha$ 时，p 才会选择与 q 合作进行知识创新。当两个个体间的 D_{pq}、D_{qp} 和 C_{pq} 达到均衡时，知识创新和扩散的效率达到最大。然而，这种均衡状态是动态的且多样化的，因此导致了不同方式的知识创新。因此，在一个特定区域内，在人口规模既定的条件下，随着人们之间的交流范围不断扩大，共同知识也会随之增加，导致该区域内的知识创造效率逐渐降低。为了寻找新的合作伙伴，知识分子（创新要素的一种）不得不跨出该区域的边界，也就引发了内生的区域间的移民行为。

在内生的区域间移民的条件下，知识分子开始跨越区域进行流动，知识分子 $p(p \in A)$ 进入区域 B 与 $m(m \in B)$ 合作，产生知识关联，导致区域 B 的创新部门的市场规模增大，创新企业的数量增加，由于本地市场效应和价格指数效应的双重影响，集聚力由此产生。在一定的区际贸易自由度条件下，最终将引发创新要素在在区域 B 集聚。随着创新要素不持续涌入区域 B，创新要素搜寻并选择合作对象的方式呈现出专业化的态势，区域 B 逐渐成为人口聚集的中心、专业化知识创新和扩散的中枢、制造业产业聚集的枢纽。最初

对称的两个区域最终演化为以区域*B*为核心的"中心—外围"结构，如图2.2所示。

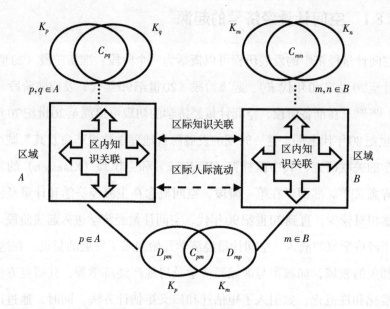

图2.2 两个区域之间的知识关联

当然，在TP模型中也是存在分散力的。当区域*B*的创新要素的流入形成的集聚规模超过一定限度以后，"市场拥挤效应"将导致知识分子搜寻和选择合适的合作对象的成本直线上升，知识创造部门的企业所占据相对市场规模也会逐渐变小，共同知识的比重逐步增加，从而导致知识创新的效率降低。在一定区际贸易自由度下，知识分子会选择向区域*A*移民，产生空间溢出效应。因此，在创新要素流动的过程中，一方面，集聚在核心地区的创新要素产生的极化效应将导致专业化和精细化分工的出现，创新资源配置得以优化，创新能力和经济实力进一步增强；另一方面，随着创新要素的扩散，知识溢出效应日益显现，使得周边地区与核心地区之间的技术和经济差距逐渐减小，这种趋势有望实现区域社会福利水平的趋同，并推动区域经济向着协调发展的方向迈进。

2.8　空间计量经济学理论

2.8.1　空间计量经济学的起源

空间计量经济学的发展历程可以概括为三个阶段：准备阶段（20世纪70年代中叶至20世纪80年代末）、起飞阶段（20世纪90年代）及成熟阶段（2000年至今）[187,188]。在准备阶段，空间计量经济学的初现可追溯至20世纪70年代中期至20世纪80年代末期。这一时期的发展源自地理学数量革命及其与城市和区域经济学的关联研究，其中佩林克（Paelinck）和克拉森（Klaassen）的贡献具有里程碑意义[189]。然而，在第一阶段，空间概念在主流经济学和计量经济学期刊中仍然相对较少，直到20世纪90年代，空间计量经济学进入起飞阶段。随着美国应用经济学家的涌入，空间计量经济学开始迎来了发展的契机。在这一时期，与此相关的领域，如城市与区域经济学及房地产经济学等，其研究方法更趋向于标准化和规范化，如引入了矩估计和广义矩估计方法。同时，通过广泛的模拟实验，不同方法被运用于小规模样本的研究。与此同时，计算机和软件开发也受到了日益增长的重视，其中，MATLAB成为主要用于编程空间计量经济学方法的工具之一。2000年至今，空间计量经济学的发展进入成熟阶段。空间计量经济学的理论与应用研究经历了迅猛的增长，其方法被广泛用于各个领域的实证研究。除了城市与区域经济学、经济地理学和房地产经济学之外，它还扩展到了国际贸易、产业经济学、能源经济学、劳动经济学及环境经济学等领域。这一增长趋势主要归因于地理相关数据的不断增加和更易获取，以及地理信息系统技术的持续进步，这些因素使人们对空间因素的重要性有了越来越深入的认识。在这个阶段，面板数据研究方法和广义矩估计方法得到了进一步的改进和广泛应用[190]。如今，空间计量方法已经成为经济学、金融学、地产学、环境学、人口学、旅游学、教育学、地理学、交通学、社会学、政治学、农学、文化学等多个领域中不可或缺的重要研究工具之一。

2.8.2 空间计量经济学的定义

空间计量经济学是一门经济学科,专注于对空间经济系统进行计量分析。它以区域科学和空间经济理论为基础,运用计量分析和地理计算作为主要手段,重点关注处理空间数据所特有的空间效应。该学科致力于研究区域科学或空间经济模型的设定、估计、假设检验、预测和应用的理论与方法体系。因此,空间计量经济学是区域科学、空间经济学和计量经济学的交叉学科。

佩林克和克拉森认为,空间计量经济学是城市与区域经济模型的方法论基础之一,是计量经济学的一个分支学科。其目的在于为城市与区域经济模型提供方法论支持[189]。安塞林(Anselin)对空间计量经济学的定义是一种处理区域科学模型中因空间而产生的各种特征的统计分析技术方法[191]。换言之,空间计量经济学旨在处理区域科学研究领域中特定于数据和类型的空间问题,这些问题无法通过经典计量方法直接解决。安塞林进一步提出,空间计量经济学与非空间计量经济学的区分实际上类似于艾萨德(Isard)对空间经济学与非空间经济学的分类[192]。从这个意义上讲,所有涉及经济模型统计分析的区域科学研究都可以被视为空间计量经济学的一部分。具体而言,包括空间相互作用模型的估计、城市密度函数的统计分析及区域计量经济学模型的应用都属于空间计量经济学的研究范畴。因此,早期学者对空间计量经济学的定义是相当广义的。广义空间计量经济学可以理解为将作为区域科学中两个重要知识传统之一的空间分析方法延伸并拓展到经济计量领域。

安塞林指出,空间效应的存在违背了经典计量经济学中误差项不相关和同方差的假设,这使得最小二乘估计不再是最优的线性无偏估计。因此,必须开发一套方法和技术来设定、估计、检验和运用区域科学模型,以有效处理这种空间效应或特性,确保模型设定和估计的无偏性和有效性[191]。同时,将空间效应纳入计量经济模型,可以分析和测度空间经济系统中常见的空间溢出效应和复杂的空间结构,从而在区域科学理论模型和空间观测数据之间架起一座桥梁,进一步推动区域科学的理论验证和实证研究。安塞林将空间计量经济学定义为计量经济学的一个分支，研究由横截面和时空观测引起的空间问题[193]。埃尔霍斯特（Elhorst）提出，空间计量经济学是处理国家、城市等地理单元之间的空间关系的一门计量经济学分支[194]。可见，对空间效应的计量处理标志着空间计量经济学的逻辑和历史起点，这一处理方式是空间计量经济学与传统计量经济学区别的本质特征，也是其作为现代计量经济学的一个独立分支学科的重要基石。

在了解空间数据产生过程中空间效应来源的基础上，学者们进一步明确了空间计量经济学的研究范围，建立了空间计量模型的动机和条件，并确定了将空间效应纳入计量模型的技术路线。佩林克和克拉森提出了五个原则，这些原则构成了建立空间计量模型的基础[189]。他们认为空间计量经济学的研究范畴包括以下五个方面：第一，空间依赖性的影响；第二，空间关系是不对称的；第三，来自其他空间单元的解释性因素很重要；第四，事前和事后相互作用的差异性；第五，在空间模型中明确考虑空间或拓扑变量的作用。安塞林通过对空间依赖性和空间异质性等两类空间效应的研究，明确了空间计量经济学的研究领域[191]。勒沙杰（LeSage）和佩斯（Pace）则提出了形成空间计量经济学的五个动因[195]：第一，时间依赖性动因，即经济行为者在当前期间的决策常常受到之前期间行为的影响。例如，本地政府可能会根据邻近地区之前的税率设定当地的税率，导致截面数据显示出某种空间依赖性。第二，遗漏变量动因，指在空间计量建模过程中可能会遗漏一些不可观测的自变量，导致因变量在各个空间单元之间出现空间依赖。第三，空间异质性动因，即在只有截面数据的情况下，由于各空间单元之间的异质性，回归方程的截距可能与自变量相关，从而提供了空间依赖的动因。第四，空间外部性动因，指某一地区的特征变量受到邻近地区特征变量的影响。第五，模型不确定性动因，即在模型设定过程中可能存在的模型类型选择、常规参数和解释变量设定的不确定性，导致回归模型中含有因变量与自变量的空间滞后。

与时间序列数据形成过程中事物发展的连续性和随机性所导致的相互依赖类似，以上五个因素导致空间观测数据形成过程中存在一定程度的相互依赖。因此，有必要建立相应的空间计量经济模型进行计量经济分析，并处理数据不独立造成的空间效应。

2.8.3 空间计量经济学分析

空间计量经济学是源于对经典计量经济学中对空间溢出效应忽视的关注而发展起来的一门计量经济学分支。尽管在本质上仍然属于计量经济学范畴，但其核心逻辑在于将经典计量经济学分析框架中的被解释变量、解释变量和随机扰动项的空间溢出效应纳入考虑，由此衍生出了各种空间计量模型。空间计量经济学与经典计量经济学有着密切的联系，但又各具特色。在空间计量经济学中，空间溢出效应被视为一个重要的因素，它可以体现在各种经济现象中，如产业聚集、市场集中、交通网络等。通过考虑这些空间效应，空间计量经济学模型能够更准确地描述和解释现实世界中的经济行为和现象。

从模型特征的角度来看，空间计量经济模型是在经典计量经济模型的基础上推导出来的。既有处理单个被解释变量与多个解释变量之间关系的空间单方程模型，也有处理多个被解释变量与其解释变量之间的关系的空间联立方程。然而，由于空间计量模型在经典计量模型的基础上增加了空间溢出效应项，这导致空间计量模型与经典计量模型相比具有不同的模型特征，进而导致空间计量模型的形式是多样化的。现如今，主要的空间计量模型类型包括非空间型模型（NSM）、空间自回归模型（SAR）、空间误差模型（SEM）、空间X滞后模型（SXL）、空间杜宾模型（SDM）、空间杜宾误差模型（SDEM）、空间自相关模型（SAC）及通用嵌套空间模型（GNSM）[196]。在这些基础模型基础上，可以基于空间非线性关系的考察和空间流量数据的考察，分别形成矩阵指数模型和空间计量交互模型[197]。

　　从所用数据的特点来看，经典计量经济学所用数据主要包括截面数据、时间序列数据和面板数据。但是，空间计量经济学使用的数据通常包含空间位置信息，或者数据必须具有一定的空间载体，因此空间计量经济学往往侧重于处理横截面或面板数据，而不是单独处理时间序列数据。对横截面或面板数据的不同处理形成了横截面数据的空间计量模型和时空计量模型[198]。当然，包含空间位置信息或空间载体信息的数据可以具有连续或离散的数据特征。与经典计量经济学类似，空间计量经济学模型也解释连续和离散数据，从而产生空间Probit、Logit和Tobit模型[199]。

　　从参数估计方法的角度来看，经典计量经济学采用的主要方法包括最小二乘（LS）类、极大似然（LM）类、矩估计（MM）类和贝叶斯（Bayesian）类。LS类方法主要通过最小化残差平方和来确定参数估计值，而LM类方法则基于预设的随机扰动项分布条件，通过优化似然性质来确定参数估计值[200]。在MM类方法中，参数估计依据的是预设的随机扰动项分布条件下的矩条件。而贝叶斯类方法则根据预设的随机扰动项、扰动项方差及其方差-协方差矩阵、解释变量参数等的先验分布，计算相关参数的后验分布，从而确定参数估计方法[201]。以上这些估计方法也适用于空间计量经济学的参数估计过程。

　　正如前文所述，空间溢出效应的纳入和度量是空间计量经济学的一个独特特性。准确模拟空间溢出效应及其在数据间的传导路径和效应是空间计量经济学研究的首要和最关键的问题。根据空间权重矩阵的数据适用性分类，传统的空间权重矩阵主要适用于截面数据，而时空权重矩阵则更适用于面板数据。在设定过程中，空间权重矩阵可以基于多种基本准则进行构建，包括基于空间近邻关系、距离或经济规模等[202-204]。根据空间权重矩阵与分析数据之间的关系，可以将其分为内生空间权重矩阵和外生空间权重矩阵两类[205,206]。此外，外生空间权重矩阵还包括游离于分析数据之外的依据数据的空间位置信息或空间载体特征而主观设定的空间权重矩阵[207,208]。

　　空间计量经济学是一门应用性很强的经济学学科，其理论和方法创新的重要逻辑在于推动空间计量经济学应用的发展。空间计量经济学应用中困惑的出现和关键问题的解决，反过来又推动了空间计量经济学理论和方法的创新发展。空间计量经济学应用的关键环节包括空间权重矩阵的设置与优化、模型的设置与优化、解释变量的包含与参数估计方法的选择、软件的选择与实现代码的编写等[209,210]。

第3章　创新要素流动影响经济增长的理论分析

本章通过扩展白俊红等的新经济地理学的TP模型❶，引入区域对知识的吸收能力，从理论上分析创新要素流动对区域经济增长的影响。

3.1　基准模型

3.1.1　基本假设

假设经济中存在两个地区，即地区A和地区B；三个部门，即传统农业部门（A）、制造部门（M）和研发与创新部门（R&D）；三类经济活动主体，即实物商品的消费者、实物商品的生产者和创造新知识的研发与创新部门。传统农业部门和制造部门使用普通劳动力（L）分别生产同质化的农产品和差异化的实物商品，研发与创新部门使用创新要素（N）生产新的知识并出售给制造部门，制造部门是垄断竞争的标准模型，遵循D-S分析框架，并使用从研发与创新部门获得的知识及投入一定数量的普通劳动力（L）进行实物商品的生产，由于知识具有异质性，制造部门的每个生产企业生产出的实物商品都具有差异性。假定普通劳动力在区域间不能流动，创新要素可以在区域间有成本地流

---

❶ 需要指出的是，白俊红等的模型是在藤田和蒂斯的模型的基础上进行的拓展。

动，研发与创新部门可以在区域间迁移。普通劳动力的总量（L）固定不变，且任何时段两区域拥有同样数量的普通劳动力（$L/2$）。创新要素的总量不变，且标准化为1。

3.1.2　消费者行为

首先，我们来描述消费者行为（简化起见，我们不考虑跨期决策）。假设两地区的所有消费者具有相同的瞬时效用函数，可以表示为柯布-道格拉斯函数的形式：

$$U = Q^{\mu} A^{1-\mu} / \mu^{\mu} (1-\mu)^{1-\mu} \qquad (3.1)$$

其中，U 是消费者的瞬时效用；μ 是消费者对制造部门生产的实物商品的消费份额，$0 < \mu < 1$；A 是消费者对传统农业部门同质化农产品的消费量；Q 是消费者对制造部门差异化实物商品的消费指数，它的计算公式可以表示为CES函数的形式：

$$Q = \left[\int_0^M q(h)^{(\sigma-1)/\sigma} \mathrm{d}h \right]^{\sigma/(\sigma-1)} \qquad (3.2)$$

其中，M 是全局经济中制造部门的商品种类数，而 $q(h)$ 是消费者对第 h 种商品的消费量（$h \in [0,M]$），σ 是不同商品之间的替代弹性系数（$\sigma > 1$）。

传统农业部门生产的同质产品是在完全竞争条件下进行的，而且这些农产品在区域间的流动是没有成本的，因此我们可以把它们的价格定义为1。这样的话，假定 ε 是消费者的支出（或收入），$p(h)$ 是商品 h 的价格，P 是制造部门产品的价格指数且满足 $P \equiv \left[\int_0^M p(h)^{-(\sigma-1)} \mathrm{d}h \right]^{-1/(\sigma-1)}$，则消费者对农产品和工业品的需求函数可以分别表示为

$$A = (1-\mu)\varepsilon, q(h) = \frac{\mu \varepsilon p(h)^{-\sigma}}{P^{1-\sigma}} \qquad (3.3)$$

那么，将式（3.3）代入式（3.1）可得到任意消费者的间接效用函数：

$$\nu = \varepsilon P^{-\mu}$$

(3.4)

3.1.3　生产者行为

现在，我们描述生产者的行为。生产者行为遵照C-P模型的基本假设，假定传统农业部门的生产规模报酬不变，传统农业部门的普通劳动力的劳动生产率是相同的，每投入1单位的普通劳动力可生产出1单位的同质化农产品，该农产品在市场上是完全竞争的，农产品在区域之间的运输是无成本的，因此将其设为计价物。此外，我们假设对传统农业部门生成的农产品的消费量足够大，其比例能占到 $1-\mu$，农产品的支出份额满足 $\mu < \sigma/(2\sigma - 1)$，这样，两个区域的传统部门就总能生产农产品。在上述假定下，可以设两区域在任意时刻普通劳动的工资率等于1，即：$w_r^l = w_s^l = 1$，其中 $r, s \in \{A, B\}$。

在制造部门中，遵循D-S的分析框架，所有企业满足规模报酬递增的条件，生产种类连续但质量不同的一系列差异化实物商品，每个企业只生产一个种类的实物商品，也即企业的数量等于商品种类的数量。每个实物商品的生产都需要投入一个单位相应的知识作为其固定成本 Π，同时需要投入一个单位的普通劳动力作为其可变成本，由于该知识是研发与创新部门生产的，并且假设制造部门可以按市场价格 Π 从研发与创新部门处买入该知识用作生产的固定成本，也就是说制造部门的固定成本等于研发与创新部门生产一个单位知识获得的报酬。由于普通劳动力的工资率为1，即 $w_M = 1$，设地区A代表性企业h的产量为 q_h，则制造企业的成本函数可表示为 $C(q_h) = \Pi + q_h$。

制造企业生产出来的差异化商品在区域内部的流动无运输成本，在区域之间的流动需支付"冰山型"交易成本 $\tau(\tau > 1)$，即1个单位的实物商品从一个区域向另一个区域运输时，最终只有 $1/\tau$ 个单位的实物商品到达目的地。因此，若一个区域制造企业将其实物商品的出厂价格定为 p_r，那么该实物商品在另一个

区域的售价就满足 $p_s = \tau p_r, r, s \in \{A, B\}$。

根据新经济地理学的假设，制造部门是垄断竞争的，制造企业可以自由进入与退出。所以，均衡时制造企业的净利润为0。那么，由边际成本加成定价法，企业的利润函数为 $\pi = [p(h) - 1] \times q(h)$。

令 E 表示经济系统的总支出（$E = E_r + E_s$，等于所有地区所有消费者支出 ε 的加总），M 表示经济系统的企业总数（等于所有实物商品的种类数）。由式（3.3）可得区域 r 对工业品的总需求为 $q_r = \mu E_r p_r^{-\sigma} P_r^{\sigma-1} + \mu E_s p_s^{-\sigma} P_s^{\sigma-1}$。由利润函数及利润最大化一阶条件，可得地区 r 中制造部门的均衡价格 p_r^*、均衡产量 q_r^*、均衡利润 π_r^* 分别为

$$
\begin{cases}
p_r^* = \dfrac{\sigma}{\sigma - 1}, \\[2mm]
q_r^* = \dfrac{\sigma - 1}{\sigma} \mu \cdot \left(\dfrac{E_r}{M_r + \phi M_s} + \dfrac{\phi E_s}{\phi M_r + M_s} \right), \\[2mm]
\pi_r^* = \dfrac{1}{\sigma - 1} q_r^*
\end{cases}
\tag{3.5}
$$

其中 $\phi = \tau^{1-\sigma}$ 为地区间的贸易自由度，运输成本 $\tau \to +\infty$ 时，$\phi \to 0$，意味着运输成本无穷大，以至于两地区间无法进行贸易活动，而运输成本 $\tau \to 0$ 时，$\phi \to 1$，意味着运输成本足够小，以至于两地区间的贸易活动无交易成本。

均衡时，由于制造企业可以在任何时间选择任何区域进行实物商品的生产，因而区域间的利润是相等的（$\pi_r^* = \pi_s^*$）。在式（3.5）的基础上，由 $q_A^* = q_B^*$，结合 $E_A + E_B = E$ 及 $M_A + M_B = M$，可以推出当 $\phi < \dfrac{E_A}{E_B} < \dfrac{1}{\phi}$ 时：

$$
M_A = \frac{E_A - \phi E_B}{(1 - \phi) E} M > 0, \quad M_B = \frac{E_B - \phi E_A}{(1 - \phi) E} M > 0
\tag{3.6}
$$

并且可以推出，r 地区的均衡价格指数及均衡产量分别为

$$
P_r = \frac{\sigma}{\sigma - 1} [M_r + \phi M_s]^{-1/(\sigma-1)} = \frac{\sigma}{\sigma - 1} \left[(1 + \phi) M \frac{E_r}{E} \right]^{-1/(\sigma-1)}
\tag{3.7}
$$

$$q_r^* = q_s^* = \frac{\sigma - 1}{\sigma} \frac{\mu E}{M} \tag{3.8}$$

此外，可以推出其他两种情况分别为：当 $\dfrac{E_A}{E_B} \geqslant \dfrac{1}{\phi}$ 时，$M_A = M$ 且 $M_B = 0$，

$P_A = \dfrac{\sigma}{\sigma - 1}(M)^{\frac{-1}{\sigma - 1}}, P_B = \dfrac{\sigma}{\sigma - 1}(\phi M)^{\frac{-1}{\sigma - 1}}$，$q_r^* \geqslant q_s^*$；当 $\dfrac{E_A}{E_B} \leqslant \dfrac{1}{\phi}$ 时，$M_B = M$ 且

$M_A = 0$，$P_A = \dfrac{\sigma}{\sigma - 1}(\phi M)^{\frac{-1}{\sigma - 1}}, P_B = \dfrac{\sigma}{\sigma - 1}(M)^{\frac{-1}{\sigma - 1}}$，$q_r^* \leqslant q_s^*$。

综上，可得均衡时经济系统中制造企业的利润为

$$\pi^* = \max\{\pi_A{}^*, \pi_B{}^*\} = \frac{\mu E}{\sigma M} \tag{3.9}$$

3.1.4　研发与创新部门

假设两区域研发与创新部门在完全竞争市场的条件下进行创新生产，并且，在创新过程中，投入的创新要素会受惠于其他地区研发与创新部门的知识溢出[61]。因此，假定区域 r 的知识总量为 K_r，再将两区域的创新要素的总数标准化为1，即 $\lambda_r + \lambda_s = 1$ 时，可设区域 r 的创新要素的数量（份额）为 λ，区域 s 的创新要素的数量（份额）为 $1 - \lambda$。那么，在某一时刻，区域 r 的创新产出为：$n_r = K_r \lambda_r$。n_r 表示基于知识资本存量的创新产出（可以是开发新产品的"蓝图"、新专利、新论文、新的科技设备、新的工艺流程和管理经验等）。进一步地，再假设区域 r 的知识总量是区域间创新要素相互作用的结果，当然就依赖于创新要素空间分布的特征的影响，假设反映代表性创新要素空间分布的特征变量为 j，那么该创新要素拥有的知识量即为 $h(j)$。此外，假定研发与创新部门的企业和制造部门的制造企业位于同一个区域，因此 λ 也可以表示为区域 r 中创新企业的数量（份额）和制造企业的数量（份额）。最后，假设知识在空间上的传播与外溢遵循距离衰减效应，则区域 r 所拥有的全部知识资本总量可以表示为

$$K_r = \left[\int_0^{\lambda_r} h(j)^\beta dj + \eta_r \int_0^{1-\lambda_r} h(j)^\beta dj \right]^{\frac{1}{\beta}} \tag{3.10}$$

其中，$\beta(0 \leq \beta \leq 1)$ 代表创新要素之间的替代弹性系数，而参数 $\eta_r(0 \leq \eta_r \leq 1)$ 代表区域间的知识溢出强度。当 $\eta_r = 1$ 时，意味着区域间的知识溢出无任何损失，即知识在区域间的溢出是完全的，那么该情况下知识就成为完全意义上的公共物品。反之，当 $\eta_r = 0$ 时，意味着区域间的知识溢出完全损失，即知识不能在区域间发生任何传播，那么这种情况下知识就仅仅是本区域自身的公共物品。因此，η_r 是一个衡量知识地方化或本地化程度的指标。

3.2　对基准模型的扩展

3.2.1　引入区域吸收能力

根据卡尼尔斯的观点，区域间的知识溢出主要受到吸收能力、地理空间距离、知识存量差距及技术追赶效应等因素的影响[2]。因此，知识溢出函数可以表示为

$$\eta_r = \frac{\theta_r}{d_{rs}} \exp\left[-\left(G_{rs}/\theta_r - \mu_r \right)^2 \right] \tag{3.11}$$

其中，$\theta_r(\theta_r \geq 0)$ 表示地区 r 的吸收能力，d_{rs} 表示地区 r 与地区 s 间的距离，G_{rs} 表示地区 r 与地区 s 间的知识存量差距，μ_r 表示地区技术追赶系数。可以证明，η 是 θ 的单调递增函数，这意味着一个地区对知识的吸收能力越强，知识溢出就越多。由于本书重点研究吸收能力对知识溢出的影响，因此将空间知识溢出与区域吸收能力的函数简记为 $\eta = \eta(\theta)$，且满足 $\eta'(\theta) > 0$。

由于创新要素拥有的知识信息存量（水平）会随着该地区的创新产出总量的增加而不断增加，那么可以将创新要素拥有的知识存量表示为：$h(j) = \alpha M$，$(0 \leq \alpha \leq 1)$。为了简化分析，将 α 设为1，即假设 $h(j) = M$，那么根据式（3.10），便可以得到区域 A 和区域 B 的知识资本分别为

$$k_A = \left[\lambda + (1-\lambda)\eta_A(\theta_A)\right]^{\frac{1}{\beta}}, k_B = \left[1-\lambda+\lambda\eta_B(\theta_B)\right]^{\frac{1}{\beta}} \quad (3.12)$$

根据式（3.12），分别利用 $k_A(\lambda)$ 和 $k_B(\lambda)$ 对 η_A 和 η_B 求导，可得

$$\frac{\partial k_A}{\partial \eta_A} = \frac{1-\lambda}{\beta}\left[k_A(\lambda;\theta)\right]^{1-\beta} > 0, \frac{\partial k_B}{\partial \eta_B} = \frac{\lambda}{\beta}\left[k_B(\lambda;\theta)\right]^{1-\beta} > 0 \quad (3.13)$$

3.2.2 研发与创新部门中创新要素流动的均衡

一方面，在区域 r 中，由于 R&D 部门在进行创新生产时是基于当前时刻给定的知识资本存量 K_r，所以，从每个创新企业的角度来看，所有创新要素的边际生产率都将等于 K_r。假定均衡时创新要素获得的报酬 w_r 由该地区的平均生产率给出，那么生产每一单位新知识的成本可以表示为

$$\frac{w_r}{K_r} = \frac{w_r}{Mk_r} \quad (3.14)$$

由于该部门的高新企业也是自由进入的，高新企业的知识生产和制造企业的生产发生在同一区域，所以，如果使用 Π_r 表示 r 地区知识的市场价格的话，那么市场出清意味着：

$$\Pi_r = \frac{w_r^*}{Mk_r}, w_r^* = \Pi_r Mk_r \quad (3.15)$$

另一方面，一个单位创新要素 j 的收益为

$$\varepsilon_j = a_H + w_j \quad (3.16)$$

其中，a_H 是创新要素 j 的资产价值，w_j 是创新要素 j 生产新知识获得的报酬。均衡时，企业的资产价值等于其期望利润[11]。由于本书不考虑跨期行为，该期望利润即短期均衡利润，并且单个企业的资产价值等于知识的市场价格，所以有

$$a_H = M \cdot \Pi = \frac{\mu E}{\sigma} \quad (3.17)$$

将式（3.17）代入式（3.15），可得地区 r 中创新要素的均衡报酬为

$$w_r^* = a_H k_r \quad (3.18)$$

3.2.3 创新要素流动对经济增长的影响

首先讨论创新要素流动的长期均衡。在式（3.4）的基础上，可以得到两地区的迁移偏好为

$$V_A(\lambda) - V_B(\lambda) = \ln v_A(\lambda) - \ln v_B(\lambda) \tag{3.19}$$

根据式（3.16）、式（3.18）可得

$$v_r = [1 + k_r(\lambda;\theta)]a_H P_r^{-\mu} \tag{3.20}$$

根据式（3.7）可得，当 $\phi < \dfrac{E_A}{E_B} < \dfrac{1}{\phi}$ 时：

$$\frac{P_A}{P_B} = \left[\frac{E_A}{E_B}\right]^{\frac{-1}{\sigma-1}} \tag{3.21}$$

同理可得其他两种情况下区域间价格指数之比的关系。

将式（3.20）、式（3.21）代入式（3.19），最终可得：$V_A(1) - V_B(1) > 0$，$V_A\left(\dfrac{1}{2}\right) - V_B\left(\dfrac{1}{2}\right) = 0, V_A(0) - V_B(0) < 0$。又因为 $\dfrac{d[V_A(\lambda) - V_B(\lambda)]}{d\lambda} \geq 0$，这意味着，创新要素流动的长期均衡存在三种情况，分别对应 $\lambda = 1/2$，$\lambda = 1$，$\lambda = 0$ 的情形。在 $\lambda = 1/2$ 的情况下，任何微小的变动都会使创新要素出现强烈的迁移偏好，并向两极接近。因此，$\lambda = 1/2$ 的对称均衡是不稳定的，$\lambda \in \{0|1\}$ 的集聚均衡才是稳定的。也就是说，创新要素流动的最终结果是集聚在中心地区。

现不妨假设创新要素向区域 A 集聚，即 $\lambda > 1/2$。由于创新要素与企业数量成正比，所以创新要素的流动量满足如下等式：

$$\Delta S_K = \frac{(K_A - K_B)}{2M} = \frac{(k_A - k_B)}{2}$$
$$= \frac{1}{2}\left[\lambda + (1-\lambda)\eta_A(\theta_A)\right]^{\frac{1}{\beta}} - \frac{1}{2}\left[1-\lambda + \lambda\eta_B(\theta_B)\right]^{\frac{1}{\beta}} \tag{3.22}$$

其中，ΔS_K 表示创新要素从区域 B 向区域 A 的流入量，反映了区域 A 比区域 B 多出来的创新要素。由式（3.22）可得空间知识溢出对创新要素流动的偏导：

$$
\begin{cases}
\dfrac{\partial \eta_A}{\partial \Delta S_K} = \dfrac{2\beta}{1-\lambda} \left[k_A(\lambda;\theta_A) \right]^{\beta-1} > 0, \\[4mm]
\dfrac{\partial \eta_B}{\partial \Delta S_K} = -\dfrac{2\beta}{\lambda} \left[k_B(\lambda;\theta_B) \right]^{\beta-1} < 0
\end{cases}
\tag{3.23}
$$

从式（3.23）中可以看出，当 $0 < \lambda < 1$ 时，创新要素从区域 B 流向区域 A 时，将有利于区域 A 的知识溢出，但不利于区域 B 的知识溢出。当 $\lambda \in \{0|1\}$ 时，创新要素没有发生流动，意味着创新要素全部集中在一个区域。

由于经济系统的总收益 $E(E > 0)$ 可以表示为

$$
E = E_A + E_B = w_L L + \lambda [a_H + w_{AH}] + (1 - \lambda)[a_H + w_{BH}] \tag{3.24}
$$

将普通工人工资 $w_M = 1$ 及式（3.17）、式（3.18）代入上式，并整理，得均衡时经济系统的总收入 E 为

$$
E = L / \left\{ 1 - \frac{\mu\lambda}{\sigma} \left[1 + k_A(\lambda;\theta_A) \right] - \frac{\mu(1-\lambda)}{\sigma} \left[1 + k_B(\lambda;\theta_B) \right] \right\} \tag{3.25}
$$

将上式对 η_A 求导，可得区域 A 的空间知识溢出对总收入的影响为：

$$
\frac{\partial E}{\partial \eta_A} = \frac{L \dfrac{\mu\lambda}{\sigma} \dfrac{\partial k_A}{\partial \eta_A}}{\left\{ 1 - \dfrac{\mu\lambda}{\sigma} \left[1 + k_A(\lambda;\theta_A) \right] - \dfrac{\mu(1-\lambda)}{\sigma} \left[1 + k_B(\lambda;\theta_B) \right] \right\}^2} \tag{3.26}
$$

同理可得区域 B 的空间知识溢出对总收入的影响 $\dfrac{\partial E}{\partial \eta_B}$。根据式（3.26），可知 $\dfrac{\partial E}{\partial \eta_r} > 0$，即空间知识溢出有利于经济增长。

然后，根据式（3.23）、式（3.26）及链式法则，可得创新要素流动对经济增长的影响为

$$
\begin{aligned}
\frac{\partial E}{\partial \Delta S_K} &= \frac{\partial E}{\partial \eta_A} \frac{\partial \eta_A}{\partial \Delta S_K} + \frac{\partial E}{\partial \eta_B} \frac{\partial \eta_B}{\partial \Delta S_K} \\[4mm]
&= \frac{2(2\lambda - 1) \dfrac{\mu L}{\sigma}}{\left\{ 1 - \dfrac{\mu\lambda}{\sigma} \left[1 + k_A(\lambda;\theta_A) \right] - \dfrac{\mu(1-\lambda)}{\sigma} \left[1 + k_B(\lambda;\theta_B) \right] \right\}^2}
\end{aligned}
\tag{3.27}
$$

由式（3.27）可知：$\dfrac{\partial E}{\partial \Delta S_K} > 0$，即创新要素流动促进经济增长。

根据式（3.27），对 θ_r 求导，可得

$$\frac{\partial}{\partial \theta_A}\left(\frac{\partial E}{\partial \Delta S_K}\right) = \frac{\dfrac{\mu L}{\sigma}(4\lambda-2)\dfrac{2\mu\lambda}{\sigma}\dfrac{\partial k_A}{\partial \eta_A}\dfrac{\partial \eta_A}{\partial \theta_A}}{\left\{1-\dfrac{\mu\lambda}{\sigma}\Big[1+k_A(\lambda;\theta_A)\Big]-\dfrac{\mu(1-\lambda)}{\sigma}\Big[1+k_B(\lambda;\theta_B)\Big]\right\}^3} \quad (3.28)$$

同理可得 $\dfrac{\partial}{\partial \theta_A}\left(\dfrac{\partial E}{\partial \Delta S_K}\right)$。由式（3.28）可知：$\dfrac{\partial}{\partial \theta_r}\left(\dfrac{\partial E}{\partial \Delta S_K}\right) > 0$，即区域吸收能力越强，创新要素流动对经济增长的影响越大。

综上所述，我们可得以下命题：创新要素流动可通过知识溢出促进经济增长。同时，创新要素流动对经济增长的促进作用随着区域吸收能力的增大而增大。

在考虑区域吸收能力以后，各区域的知识资本总量不仅取决于创新要素的空间分布，还取决于各区域的吸收能力大小。区域吸收能力通过影响该地区获得的知识溢出，进而影响知识资本总量。在不考虑区域吸收能力时，创新要素流动对经济增长的影响取决于创新要素的空间分布和给定知识溢出下知识资本的大小。实际上，在其他条件不变的情况下，区域吸收能力越强，空间知识溢出越大，本地区的知识资本越大，进而创新要素流动的经济增长效应越大。因此，单位创新要素流入对地区经济增长的贡献会因为区域吸收能力的不同而不同。

第4章　中国区际创新要素流动、区域吸收能力和经济增长的基本特征

本部分测算2008—2021年中国30个省份（由于数据的可得性，未考虑西藏自治区和港澳台地区）的创新要素流动（包括创新人员流动、创新资本流动、创新技术流动）和区域吸收能力，分析创新要素流动、区域吸收能力和经济增长的基本特征。

4.1　中国区际创新要素流动的基本特征

4.1.1　中国区际创新人员流动的基本特征

本书的创新人员主要指研发人员，并借鉴汪克亮等的对数引力模型对区际创新人员流动数量进行测度，具体计算公式如下[211]：

$$pfl_{ij} = \ln P_i \cdot \ln(wage_j - wage_i) \cdot d_{ij}^{-2} \qquad (4.1)$$

其中，pfl_{ij} 为 i 省流向 j 省的研发人员数量；P_i 为 i 省的研发人员数（本书以规模以上研发人员全时当量进行衡量）；$wage_j$ 和 $wage_i$ 分别为 j 省和 i 省的平均工资（以城镇单位就业人员平均工资表示）；d_{ij} 为两个省份中心位置之间的距离。那么在统计年度内由其他省份流向 j 省份的研发人员总流动量可以表示为

$$pfl_j = \sum_{j \neq i}^{n} pfl_{ij} \qquad (4.2)$$

所用数据来源于国家统计局、国家基础地理信息中心和《中国科技统计年鉴》。测算结果见表4.1。

表4.1 各省份创新人员流入量（相对数）

省份	2008年	2009年	2010年	2011年	2012年	2013年	2014年	2015年	2016年	2017年	2018年	2019年	2020年	2021年	平均值
北京	2.90	2.92	2.97	3.08	3.16	3.23	3.29	3.33	3.35	3.37	3.39	3.47	3.51	3.56	3.25
天津	1.24	1.27	1.31	1.32	1.35	1.38	1.40	1.41	1.43	1.43	1.43	1.44	1.46	1.48	1.38
河北	0.04	0.06	0.05	0.05	0.04	0.03	0.02	0.03	0.08	0.12	0.11	0.09	0.08	0.06	0.06
山西	0.16	0.13	0.17	0.27	0.27	0.18	0.16	0.12	0.06	0.06	0.05	0.05	0.06	0.06	0.13
内蒙古	0.09	0.11	0.13	0.14	0.15	0.15	0.14	0.12	0.12	0.12	0.12	0.12	0.12	0.11	0.12
辽宁	0.16	0.16	0.16	0.13	0.11	0.11	0.10	0.09	0.05	0.03	0.03	0.03	0.11	0.12	0.10
吉林	0.04	0.03	0.03	0.04	0.04	0.05	0.05	0.05	0.08	0.08	0.09	0.10	0.05	0.05	0.06
黑龙江	0.00	0.00	0.00	0.00	0.00	0.00	0.00	0.00	0.00	0.00	0.00	0.00	0.00	0.00	0.00
上海	0.58	0.61	0.62	0.64	0.63	0.65	0.66	0.67	0.68	0.69	0.69	0.70	0.72	0.73	0.66
江苏	0.39	0.40	0.41	0.46	0.47	0.49	0.45	0.45	0.45	0.46	0.45	0.48	0.48	0.50	0.45
浙江	0.34	0.34	0.34	0.29	0.29	0.31	0.36	0.36	0.37	0.38	0.39	0.40	0.41	0.43	0.36
安徽	0.20	0.20	0.22	0.27	0.28	0.26	0.21	0.21	0.16	0.16	0.26	0.19	0.23	0.20	0.22
福建	0.18	0.18	0.17	0.20	0.22	0.23	0.24	0.23	0.22	0.21	0.20	0.24	0.25	0.27	0.22
江西	0.00	0.00	0.00	0.01	0.04	0.04	0.04	0.02	0.03	0.03	0.03	0.04	0.03	0.03	0.02
山东	0.21	0.20	0.17	0.15	0.16	0.19	0.25	0.26	0.27	0.27	0.20	0.27	0.28	0.27	0.23
河南	0.13	0.10	0.04	0.02	0.01	0.00	0.00	0.00	0.00	0.00	0.00	0.00	0.00	0.00	0.02
湖北	0.03	0.06	0.21	0.20	0.19	0.20	0.24	0.23	0.28	0.29	0.28	0.31	0.29	0.40	0.23
湖南	0.15	0.06	0.06	0.10	0.10	0.09	0.11	0.08	0.12	0.09	0.09	0.09	0.08	0.09	0.09
广东	0.26	0.27	0.27	0.27	0.28	0.27	0.28	0.28	0.29	0.29	0.30	0.31	0.32	0.33	0.29

续表

省份	2008年	2009年	2010年	2011年	2012年	2013年	2014年	2015年	2016年	2017年	2018年	2019年	2020年	2021年	平均值
广西	0.14	0.09	0.10	0.00	0.00	0.01	0.01	0.07	0.03	0.05	0.06	0.07	0.07	0.07	0.06
海南	0.01	0.01	0.05	0.07	0.06	0.07	0.07	0.08	0.08	0.08	0.09	0.09	0.08	0.10	0.07
重庆	0.31	0.32	0.33	0.32	0.32	0.35	0.37	0.36	0.30	0.31	0.36	0.38	0.39	0.40	0.34
四川	0.08	0.10	0.11	0.10	0.11	0.14	0.12	0.13	0.13	0.13	0.14	0.13	0.12	0.13	0.12
贵州	0.06	0.13	0.08	0.14	0.18	0.20	0.24	0.26	0.33	0.33	0.26	0.21	0.24	0.18	0.20
云南	0.01	0.01	0.01	0.02	0.02	0.02	0.02	0.02	0.06	0.08	0.07	0.14	0.14	0.13	0.05
陕西	0.14	0.22	0.21	0.17	0.18	0.21	0.19	0.19	0.18	0.17	0.17	0.18	0.18	0.19	0.18
甘肃	0.01	0.02	0.00	0.00	0.01	0.02	0.02	0.03	0.03	0.03	0.03	0.02	0.03	0.02	0.02
青海	0.12	0.11	0.12	0.12	0.12	0.13	0.13	0.13	0.13	0.14	0.14	0.14	0.15	0.15	0.13
宁夏	0.28	0.28	0.29	0.29	0.30	0.27	0.28	0.28	0.28	0.27	0.28	0.28	0.33	0.34	0.29
新疆	0.01	0.01	0.01	0.02	0.03	0.03	0.03	0.03	0.03	0.02	0.02	0.02	0.02	0.02	0.02

由表4.1可知，从时间维度看，我国各省份创新人员流入量均有较大程度的提升。2008—2021年间，创新人员流入量增长量较大的省份有北京、湖北、天津、上海、云南、贵州、江苏，增长量均大于0.10，其中北京最高，为0.66，北京的年均创新人员流入量和增长量都位列第一，在创新人员流动中起关键作用，贵州、海南、云南的年均创新人员流入量较小但增长量较大，发展势头良好。从东部、中部、西部三大区域上看（此处的东部地区包括北京、天津、河北、辽宁、上海、江苏、浙江、福建、山东、广东和海南11个省份，中部地区包括山西、吉林、黑龙江、安徽、江西、河南、湖北和湖南8个省份，西部地区包括内蒙古、广西、重庆、四川、贵州、云南、陕西、甘肃、青海、宁夏和新疆11个省份。由于数据可得性，我国港澳台地区和西藏未包含在本次统计数据中），东部、中部和西部的创新人员流入增长率分别为24.41%、16.90%、39.20%，西部地区增速最快。

从空间维度看，我国创新人员流入量呈现明显的空间集聚效应。根据2008—2021年平均值，高值主要集中在北京、天津、上海、江苏、浙江、重庆、宁夏、广东等省份，其中北京最高，达到了3.25，天津次之，达到了1.38，说明北京和天津的区域联系较强。此外，地理距离相近的上海、江苏、浙江的取值也较高，说明江浙沪的空间关联也较强。而低值主要集中在中部、西部地区。其中，黑龙江最低，说明我国创新人员流入量表现出明显的区域不平衡特点。整体上，东部、中部、西部地区的创新人员流入量的平均值差距较大，东部地区远高于中部和西部地区。

4.1.2 中国区际创新资本流动的基本特征

本书借鉴汪克亮等的对数引力模型对区际创新资本流动数量进行测度，具体计算公式如下[206]：

$$cfl_{ij} = \ln Epn_i \cdot \ln rate_j \cdot d_{ij}^{-2} \tag{4.3}$$

其中，cfl_{ij} 为 i 省流向 j 省的创新资本流动量；Epn_i 为 i 省的研发资本存量；rate_i 和 rate_j 分别为 i 省和 j 省的利润率水平（本书以成本费用利润率进行衡量）；d_{ij} 为两个省份中心位置之间的距离。那么在统计年度内由其他省份流向 j 省份的创新资本总流入量可以表示为

$$\mathrm{cfl}_j = \sum_{j \neq i}^{n} \mathrm{cfl}_{ij} \tag{4.4}$$

需要说明的是，由于研发资本存量数据无法直接获得，本书参考吴延兵的方法，利用研发经费支出存量，利用永续盘存法进行核算后得出[212]。具体公式为

$$R_{i,t} = (1 - \gamma) R_{i,t-1} + A_{i,t}/P_{i,t} \tag{4.5}$$

上式中，$R_{i,t}$ 和 $R_{i,t-1}$ 分别为省份 i 在第 t 年和第 $t-1$ 年的研发资本存量；γ 是省份 i 研发资本的折旧率，取15%；$A_{i,t}$ 为省份 i 当前期的研发投资；$P_{i,t}$ 为省份 i 当前期的研发投资价格指数，参照白俊红的做法，令研发投资价格指数 = 0.6 × 居民消费价格指数 + 0.4 × 固定资产投资指数[10]。关于初始期研发资本存量，可以通过第一期的研发资本投资、该省份研发投资在样本期的几何平均增长率、折旧率，由以下测算公式计算得出：

$$R_{i,t0} = \frac{A_{i,t0}}{g_{i,A} + \gamma} \tag{4.6}$$

所用数据来源与创新人员流动的测算相同。测算结果见表4.2。

由表4.2可知，从时间维度看，我国大部分地区创新资本流入量有所提升。2008—2021年，有28个省份的创新资本流入量实现正增长，增长量较大的省份有北京、天津、上海、浙江、贵州、山西、湖北、宁夏、江西、重庆，增长量均不低于0.03，其中北京最高，为0.26。而增长较少的省份为新疆、青海、河南，增长量不足0.01。此外，黑龙江的增长量为负值，为-0.01，说明其创新资本流入量不断减少。整体上，2008—2021年间，东部、中部、西部创新资本流入量的增长率分别为45.13%、30.77%、65.52%，西部地区增速最快，说明我国创新资本流入量的省际差距整体有缩小的趋势。

表4.2 各省份创新资本流入量（相对数）

省份	2008年	2009年	2010年	2011年	2012年	2013年	2014年	2015年	2016年	2017年	2018年	2019年	2020年	2021年	平均值
北京	0.25	0.29	0.32	0.33	0.35	0.34	0.37	0.39	0.39	0.43	0.38	0.39	0.39	0.51	0.37
天津	0.20	0.22	0.27	0.28	0.28	0.28	0.27	0.28	0.28	0.26	0.27	0.27	0.23	0.27	0.26
河北	0.36	0.37	0.41	0.41	0.39	0.40	0.39	0.38	0.42	0.44	0.42	0.40	0.39	0.37	0.40
山西	0.05	0.05	0.06	0.07	0.06	0.04	0.01	0.00	0.03	0.06	0.07	0.06	0.06	0.08	0.05
内蒙古	0.03	0.03	0.04	0.04	0.04	0.04	0.03	0.03	0.03	0.04	0.04	0.04	0.04	0.05	0.04
辽宁	0.02	0.03	0.03	0.03	0.03	0.02	0.03	0.02	0.02	0.03	0.04	0.03	0.03	0.04	0.03
吉林	0.02	0.02	0.02	0.03	0.02	0.02	0.03	0.02	0.02	0.02	0.03	0.02	0.02	0.03	0.02
黑龙江	0.02	0.02	0.02	0.02	0.02	0.02	0.03	0.01	0.01	0.01	0.01	0.01	0.01	0.01	0.02
上海	0.04	0.06	0.07	0.07	0.07	0.07	0.08	0.08	0.09	0.09	0.09	0.08	0.08	0.08	0.07
江苏	0.07	0.07	0.08	0.08	0.08	0.08	0.08	0.09	0.09	0.09	0.09	0.09	0.09	0.09	0.08
浙江	0.04	0.05	0.06	0.06	0.06	0.06	0.06	0.07	0.07	0.07	0.07	0.07	0.08	0.08	0.06
安徽	0.07	0.08	0.09	0.08	0.08	0.08	0.08	0.08	0.08	0.08	0.09	0.09	0.09	0.09	0.08
福建	0.04	0.05	0.05	0.05	0.05	0.05	0.05	0.05	0.05	0.06	0.06	0.06	0.06	0.06	0.05
江西	0.05	0.05	0.06	0.06	0.07	0.07	0.07	0.07	0.07	0.07	0.07	0.07	0.08	0.08	0.07
山东	0.06	0.06	0.07	0.07	0.07	0.07	0.07	0.07	0.07	0.07	0.07	0.06	0.07	0.07	0.07
河南	0.07	0.07	0.08	0.08	0.07	0.08	0.08	0.07	0.07	0.08	0.08	0.08	0.07	0.07	0.07
湖北	0.06	0.06	0.07	0.06	0.06	0.06	0.06	0.06	0.07	0.06	0.07	0.08	0.08	0.09	0.07
湖南	0.05	0.05	0.06	0.06	0.06	0.06	0.05	0.05	0.05	0.06	0.05	0.06	0.07	0.06	0.06
广东	0.03	0.03	0.03	0.03	0.03	0.03	0.03	0.04	0.04	0.04	0.04	0.04	0.04	0.04	0.03

续表

省份	2008年	2009年	2010年	2011年	2012年	2013年	2014年	2015年	2016年	2017年	2018年	2019年	2020年	2021年	平均值
广西	0.02	0.03	0.04	0.04	0.04	0.04	0.04	0.04	0.04	0.04	0.04	0.04	0.04	0.04	0.04
海南	0.02	0.02	0.02	0.02	0.02	0.02	0.02	0.02	0.02	0.02	0.02	0.02	0.02	0.03	0.02
重庆	0.04	0.04	0.04	0.05	0.04	0.05	0.05	0.05	0.06	0.06	0.06	0.05	0.06	0.07	0.05
四川	0.02	0.03	0.03	0.03	0.03	0.03	0.03	0.03	0.03	0.03	0.03	0.03	0.04	0.04	0.03
贵州	0.04	0.04	0.05	0.05	0.06	0.05	0.05	0.05	0.05	0.06	0.06	0.06	0.07	0.07	0.05
云南	0.02	0.02	0.02	0.02	0.02	0.02	0.02	0.02	0.01	0.02	0.02	0.02	0.02	0.03	0.02
陕西	0.06	0.06	0.07	0.07	0.07	0.07	0.06	0.06	0.06	0.07	0.07	0.07	0.07	0.08	0.07
甘肃	0.01	0.02	0.02	0.02	0.02	0.02	0.01	0.00	0.00	0.01	0.01	0.02	0.02	0.02	0.01
青海	0.02	0.02	0.02	0.02	0.02	0.02	0.01	0.01	0.01	0.02	0.01	0.00	0.01	0.02	0.02
宁夏	0.02	0.04	0.04	0.04	0.03	0.04	0.03	0.02	0.03	0.03	0.03	0.04	0.04	0.05	0.03
新疆	0.01	0.01	0.01	0.01	0.01	0.01	0.01	0.00	0.00	0.01	0.01	0.01	0.01	0.01	0.01

　　从空间维度看，我国创新资本流入量同样呈现明显的空间聚集效应。根据2008—2021年平均值，高值集中在河北、北京、天津、安徽、江苏等省份，其中河北最高，为0.40，说明河北积极承接了北京、天津流入的创新资本。另外，中部地区的安徽流入的创新资本也相对较高，为0.08，这可能是因为安徽受到江苏、上海的辐射带动作用。而低值主要集中在西部地区。其中，黑龙江、甘肃、新疆最低，仅为0.01，说明省际创新资本流入表现出明显的空间分布不平衡特点。整体上，东部、中部、西部地区的创新资本流入量差距较大，东部地区远高于中部和西部地区。

4.1.3　中国区际创新技术流动的基本特征

　　本书用专利权转让作为创新技术流动的代理指标。采用该指标是因为：首先，专利权转让是比专利引用或技术市场合同成交金额能更好地衡量技术流动的指标[213]；其次，专利是度量不同地区和行业的技术和科学变迁的直接指标，能作为显性知识的度量；最后，专利作为一项公开指标公布在国内、国际的技术交易平台上，能够系统地获取并进行比较。虽然使用专利作为技术的直接衡量指标具有一定局限性，因为很多研发活动的成果并未进行专利申请，但由于专利的可获得性和可比较性，专利仍然是衡量技术水平的重要载体。因此，专利权转让可以作为创新技术要素流动的代理指标。

　　专利权转让的数据源于国家知识产权局专利检索系统，包括发明、实用新型和外观设计三种类型专利。获取数据的具体方法是：首先，在专利检索系统中，获取所有发生专利权转移的数据（包括专利申请权的转移和专利权的转移）；其次，对获取的数据根据"专利申请号""法律状态（转移）公告日""原始权利人地址""当前权利人地址"进行了数据清洗，并进行人工整理校验；最后，根据"原始权利人地址""当前权利人地址"统计出各年两两省份之间的专利权转移数量矩阵。

由于本书研究各省份的创新技术流入，因此将上述专利权转移数量矩阵按列加总后得到流入各省份的创新技术数量，记为 tfl_i。创新技术流入量的结果见表4.3。

由表4.3可知，从时间维度看，我国创新技术流入量有较大程度提升。2008—2021年，创新技术流入量增长较大的省份有江苏、浙江、广东、山东、安徽、北京，增长量均超过10 000。而云南、内蒙古、贵州、吉林、宁夏、甘肃、青海的增长较小，增长量均不足1 000。整体上，2008—2021年，东部、中部、西部创新技术流入的增长率分别为4 860.34%、9 073.71%、6 067.70%，中部地区增速最快，西部地区次之，说明我国创新技术流入量省际差距在不断缩小。

从空间维度看，我国区际创新技术流入量差异明显。根据2008—2021年平均值，高值集中在江苏、广东、浙江、北京、山东、安徽、上海等省份，其中江苏最高，为9 286，成为引领江浙沪城市群创新发展的新中心，紧随其后的是广东，创新技术流入量的平均值达6 812，引领华南地区的创新发展，而山东、安徽因受到江浙沪城市群的辐射带动作用，创新技术流入量也相对较高。低值主要集中在西部地区，其中青海最低，仅为83，排名首位的江苏是排名末位的青海的111.88倍，说明我国创新技术流动存在巨大的地区差异，表现为明显的东高西低的特点。整体上，东部、中部、西部地区的创新技术流入量差距巨大，东部地区远高于中部和西部地区。

4.2 中国各地区知识吸收能力的基本特征

4.2.1 中国各地区知识吸收能力的测算方法

本书借鉴乔治等的方法，从知识获取、知识消化、知识转化和知识应用四个维度考察区域吸收能力，并据此构建区域吸收能力衡量指标体系[214]。具体评价指标见表4.4。

单位：次

表4.3 各省份创新技术流入量

省份	2008年	2009年	2010年	2011年	2012年	2013年	2014年	2015年	2016年	2017年	2018年	2019年	2020年	2021年	平均值
北京	495	678	538	675	1 541	4 855	3 764	2 886	2 999	3 857	5 146	8 463	9 506	10 682	4 006
天津	71	122	201	181	279	320	425	555	1 088	1 822	1 317	2 310	1 929	1 610	874
河北	75	86	103	137	143	356	503	699	1 278	2 772	3 053	4 003	4 386	4 503	1 578
山西	35	28	52	81	127	112	184	180	338	595	931	1 557	2 073	2 780	648
内蒙古	12	19	38	61	44	61	146	129	236	457	392	556	668	812	259
辽宁	40	194	96	144	138	182	254	252	627	828	1 209	1 731	2 009	2 331	717
吉林	54	36	97	35	69	108	85	218	199	406	385	609	702	819	273
黑龙江	29	21	25	46	61	77	135	161	205	469	542	1 083	1 206	1 342	386
上海	387	550	493	616	720	965	1 317	1 828	1 858	2 463	3 590	6 095	6 926	7 970	2 556
江苏	371	835	604	1 224	1 873	3 844	5 150	3 971	6 156	11 430	11 336	19 267	34 161	29 780	9 286
浙江	250	362	428	913	683	942	1 241	1 772	2 889	3 721	8 755	13 711	23 336	19 337	5 596
安徽	54	108	207	317	287	494	567	974	1 469	2 992	4 566	8 496	13 104	15 211	3 489
福建	231	103	103	198	237	394	418	439	934	1 860	3 168	3 032	4 305	6 112	1 538
江西	47	45	89	151	130	360	431	553	894	1 596	2 690	3 911	4 819	5 712	1 531
山东	105	91	234	240	918	518	777	1 207	2 298	3 451	3 938	6 309	13 636	15 312	3 502
河南	46	44	85	103	111	405	316	433	1 008	1 389	2 019	2 509	4 599	5 429	1 321
湖北	127	94	141	200	232	507	573	675	761	1 217	1 785	3 162	2 553	2 611	1 046
湖南	34	65	77	126	163	206	343	607	1 227	1 942	2 769	2 463	3 639	5 176	1 346
广东	314	476	532	757	900	1 584	2 166	4 302	7 693	18 119	14 349	13 637	14 053	16 481	6 812

续表

省份	2008年	2009年	2010年	2011年	2012年	2013年	2014年	2015年	2016年	2017年	2018年	2019年	2020年	2021年	平均值
广西	13	17	40	44	63	111	210	309	487	1 313	1 541	1 826	2 019	2 230	730
海南	11	28	31	87	41	66	56	102	130	274	292	437	1 035	2 450	360
重庆	73	53	82	105	73	120	210	379	903	1 592	2 274	1 964	2 530	3 559	994
四川	82	179	79	143	182	268	590	722	964	1 374	1 856	2 429	2 985	3 667	1 109
贵州	17	24	17	73	74	117	89	146	612	910	706	779	766	783	365
云南	11	17	30	47	59	133	156	130	289	343	360	415	593	827	244
陕西	25	31	60	52	78	129	191	209	345	559	666	1 278	1 460	1 668	482
甘肃	17	6	29	17	19	66	51	95	145	299	223	303	333	368	141
青海	2	4	13	11	14	91	36	69	86	153	133	162	183	207	83
宁夏	1	1	5	17	21	5	30	45	151	138	374	465	445	480	156
新疆	4	22	19	54	42	87	130	143	183	350	1 626	574	848	1 250	381

表4.4 吸收能力评价指标体系

评价维度	评价指标	评价维度	评价指标
知识获取	长途光缆的线路长度/万千米	知识转化	出口总额/万美元
	移动电话交换机容量/万户		外商投资企业投资总额/百万美元
	电话（含移动电话）普及率/%		规模以上工业企业管理费用/亿元
	互联网宽带接入端口/万个		城镇居民家庭人均可支配收入/元
	邮路总长度/千米		居民人均消费支出/元
	报刊期发数/万份		软件业务收入/元
	电信业务总量/亿元		
	邮政业务总量/亿元		
	邮政业就业人数/人		
	旅客周转量/（亿人·千米）		
知识消化	15岁及以上人口文盲率/%	知识应用	技术市场成交额/亿元
	大专及以上学历人口占比/%		规模以上工业企业R&D人员全时当量/（人·年）
	普通高校在校生人数/万人		规模以上工业企业R&D内部经费支出/万元
	普通高等学校教职工人数/万人		R&D项目数/项
	普通高校毕业生人数/万人		新产品项目数/项
	图书馆和博物馆总数/个		开发新产品经费/万元
	公共图书馆总藏书量/万册		新产品销售收入/万元
			国内申请专利受理量/件

根据该综合指标评价体系，使用主成分分析法（PCA），根据特征值大于1、KMO统计量大于0.6及累积贡献率大于85%的标准，对各省份的区域吸收能力进行测度，经过标准化以后，得到各省份的区域吸收能力（ac）。

所用数据来源于国家统计局。

4.2.2 中国各地区知识吸收能力的测算结果与分析

表4.5列出了主要年份各省份的知识吸收能力指数。

由表4.5可知，从时间维度看，各省份吸收能力均逐年递增。2008—2021年间，区域吸收能力增长较大的省份有广东、江苏、浙江、北京、山东、上海、四川、安徽，增长量均不低于0.30，其中广东最大，增幅达0.73，遥遥领先于其他省份；增长较小的省份有山西、新疆、青海、宁夏，增长量均小于0.15，其中青海和宁夏最小，增幅仅为0.12。整体上，东部、中部、西部地区的增长率分别为228.57%、261.19%、407.84%，西部地区增速最快，中部地区次之，说明各省份间区域吸收能力的差异有不断缩小的趋势。

从空间维度看，各省份吸收能力存在一定差异。区域吸收能力年均值排名前五的省份依次为广东、江苏、北京、浙江、上海，以上省份的吸收能力年均值均大于0.35，其中广东最高，为0.58；而区域吸收能力年均值排名末五位的省份依次是青海、宁夏、海南、贵州、甘肃，上述地区吸收能力都不高于0.10，其中青海最低，为0.07。广东（全国最高）的吸收能力是青海（全国最低）的8.29倍，说明各省份吸收能力存在巨大差距。整体上，东部、中部、西部地区间吸收能力也存在一定差距。

4.3 中国各地区经济增长的基本特征

4.3.1 中国各地区经济总体规模的变化特征

本书以地区生产总值作为中国各省份经济总体规模的代理变量，并换算成2008年不变价，分析中国各地区经济总体规模的变化特征。图4.1展示了2008年和2021年两年的情况。

表4.5 各省份的吸收能力指数

省份	2008年	2009年	2010年	2011年	2012年	2013年	2014年	2015年	2016年	2017年	2018年	2019年	2020年	2021年	平均值
北京	0.24	0.26	0.29	0.33	0.37	0.41	0.43	0.45	0.48	0.50	0.55	0.60	0.63	0.68	0.44
天津	0.11	0.12	0.13	0.15	0.17	0.18	0.19	0.20	0.22	0.24	0.26	0.27	0.28	0.31	0.20
河北	0.10	0.12	0.14	0.15	0.17	0.19	0.20	0.21	0.23	0.25	0.27	0.31	0.34	0.34	0.22
山西	0.09	0.09	0.11	0.12	0.13	0.15	0.15	0.16	0.16	0.18	0.20	0.21	0.23	0.23	0.16
内蒙古	0.06	0.08	0.11	0.12	0.14	0.15	0.16	0.17	0.18	0.19	0.21	0.22	0.22	0.23	0.16
辽宁	0.14	0.16	0.18	0.19	0.22	0.24	0.24	0.26	0.25	0.26	0.27	0.29	0.30	0.31	0.24
吉林	0.07	0.09	0.10	0.11	0.13	0.14	0.15	0.16	0.17	0.18	0.20	0.21	0.22	0.22	0.15
黑龙江	0.09	0.10	0.12	0.13	0.14	0.16	0.17	0.18	0.19	0.20	0.21	0.22	0.23	0.24	0.17
上海	0.22	0.24	0.26	0.28	0.30	0.32	0.34	0.35	0.37	0.40	0.43	0.46	0.49	0.55	0.36
江苏	0.21	0.25	0.30	0.33	0.39	0.43	0.45	0.47	0.50	0.55	0.60	0.67	0.73	0.75	0.47
浙江	0.18	0.21	0.24	0.26	0.31	0.34	0.36	0.40	0.43	0.47	0.53	0.60	0.67	0.67	0.40
安徽	0.04	0.07	0.10	0.12	0.14	0.16	0.17	0.19	0.20	0.23	0.26	0.28	0.32	0.34	0.19
福建	0.10	0.12	0.15	0.17	0.18	0.20	0.21	0.23	0.23	0.26	0.29	0.31	0.34	0.35	0.23
江西	0.07	0.08	0.09	0.10	0.12	0.13	0.14	0.15	0.16	0.18	0.21	0.24	0.26	0.27	0.16
山东	0.17	0.19	0.23	0.24	0.27	0.30	0.33	0.35	0.38	0.42	0.44	0.48	0.55	0.59	0.35
河南	0.10	0.13	0.15	0.15	0.17	0.20	0.22	0.23	0.25	0.28	0.32	0.35	0.39	0.39	0.24
湖北	0.11	0.12	0.15	0.16	0.18	0.21	0.23	0.24	0.26	0.28	0.31	0.33	0.35	0.37	0.24
湖南	0.10	0.12	0.14	0.14	0.16	0.18	0.19	0.21	0.22	0.25	0.27	0.31	0.34	0.36	0.21
广东	0.26	0.29	0.33	0.37	0.41	0.48	0.50	0.53	0.58	0.69	0.78	0.90	1.00	0.99	0.58

续表

省份	2008年	2009年	2010年	2011年	2012年	2013年	2014年	2015年	2016年	2017年	2018年	2019年	2020年	2021年	平均值
广西	0.06	0.08	0.09	0.10	0.11	0.13	0.14	0.15	0.16	0.19	0.21	0.23	0.26	0.28	0.16
海南	0.02	0.03	0.05	0.06	0.07	0.08	0.08	0.09	0.10	0.11	0.13	0.14	0.18	0.21	0.10
重庆	0.05	0.07	0.09	0.10	0.12	0.13	0.15	0.16	0.18	0.20	0.22	0.24	0.26	0.28	0.16
四川	0.10	0.13	0.15	0.17	0.19	0.23	0.25	0.27	0.28	0.31	0.35	0.39	0.43	0.42	0.26
贵州	0.01	0.02	0.05	0.06	0.06	0.08	0.09	0.09	0.10	0.13	0.15	0.17	0.19	0.20	0.10
云南	0.04	0.04	0.08	0.08	0.09	0.11	0.12	0.13	0.14	0.16	0.18	0.21	0.23	0.22	0.13
陕西	0.09	0.11	0.13	0.14	0.16	0.19	0.19	0.21	0.22	0.23	0.26	0.28	0.31	0.32	0.20
甘肃	0.01	0.03	0.06	0.07	0.08	0.10	0.10	0.11	0.12	0.14	0.15	0.16	0.18	0.18	0.10
青海	0.00	0.01	0.04	0.04	0.05	0.06	0.07	0.06	0.07	0.09	0.11	0.11	0.12	0.12	0.07
宁夏	0.02	0.03	0.04	0.05	0.06	0.07	0.07	0.08	0.09	0.10	0.11	0.11	0.13	0.14	0.08
新疆	0.07	0.07	0.09	0.10	0.12	0.12	0.13	0.14	0.14	0.16	0.17	0.18	0.20	0.20	0.14

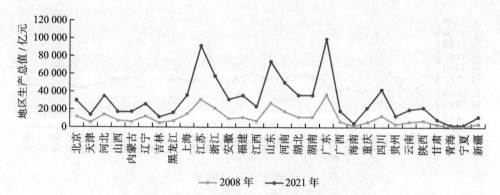

图4.1 各省份代表性年份的地区生产总值

由图4.1可知，中国各地区经济总体规模取得较大增长。根据2008—2021年各地区生产总值的增加量，将各地区划分为四组：第一组的广东、江苏，增长量分别为62 462亿元、60 537亿元，遥遥领先于全国其他地区；第二组的山东、浙江、河南紧随其后，增长量在32 697亿元到46 717亿元之间；第三组包括四川、湖南、福建、湖北、安徽、河北、上海、北京、重庆、江西、陕西、云南、辽宁、广西、内蒙古，增长量在11 023亿元到29 461亿元之间；第四组包括山西、贵州、黑龙江、天津、新疆、吉林、甘肃、海南、宁夏、青海，增长量在1687亿元到9784亿元之间。可以发现，地区生产总值增长量较大的地区主要是东部发达地区，这些地区利用自身比较优势和规模优势取得了较大程度的发展，而地区生产总值增长量较小的地区主要集中在中西部地区。

4.3.2 中国各地区经济增长速度的变化特征

基于2008年不变价地区生产总值，分析中国各地区经济增长速度的变化特征。图4.2展示了2009年和2021年两年的地区生产总值增长率的情况。

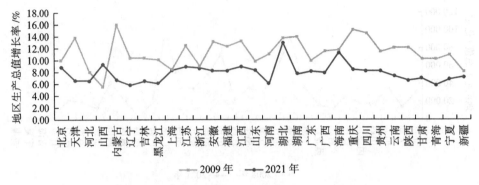

图4.2 各省份代表性年份的地区生产总值增长率

由图4.2可知，一方面，各地区生产总值增长率普遍降低。相比于2009年，2021年地区生产总值增长率减少量最大的地区为内蒙古，地区生产总值增长率由2009年的16.00%下降到2021年的6.70%，减少了9.30个百分点；地区生产总值增长率减少量较大的地区还有天津、重庆、湖南、四川、陕西、河南，分别减少了7.20、6.70、6.30、6.30、5.60、5.00个百分点；即使是地区生产总值增长率减少量最小的上海，地区生产总值增长率也由2009年的8.40%下降到2021年的8.30%，减少了0.10个百分点。各地区生产总值增速放缓，说明我国经济由追求速度转为追求质量。

另一方面，各地区经济增长率不同。2009年，地区生产总值增长率排名前五的地区为内蒙古（16.00%）、重庆（15.10%）、四川（14.50%）、湖南（13.90%）、天津（13.80%），排名末五的地区为山西（5.50%）、新疆（8.10%）、河北（8.10%）、上海（8.40%）、浙江（9.00%），排名最高的地区的增长率是排名最低的地区增长率的2.91倍；2021年，地区生产总值增长率排名前五的地区为湖北（12.90%）、海南（11.30%）、山西（9.30%）、江西（8.90%）、江苏（8.90%），排名末五的地区为辽宁（5.80%）、青海（5.80%）、河南（6.00%）、黑龙江（6.10%）、河北（6.50%），排名最高的地区的增长率是排名最低的地区增长率的2.22倍，说明我国地区经济增长率差距有所缩小。

第5章　中国省际创新要素流动影响经济增长的实证检验

5.1　实证检验模型设定

区域间的创新要素流动存在空间关联，本地区的创新要素流入影响邻近地区的经济增长。因此，在设定计量模型时有必要选用将空间相关性考虑在内的空间计量模型。常用的空间计量模型包括空间自回归模型（SAR）、空间误差模型（SEM）、空间杜宾模型（SDM）等[215]。一般形式的空间计量模型可以使用广义嵌套空间模型进行表示：

$$Y = \beta_0 + \beta X + \rho WY + \theta WX + \lambda W\mu + \varepsilon \qquad (5.1)$$

上式中，当 $\lambda = 0$ 且 $\theta = 0$ 时，式（5.1）可以退化为SAR模型；当 $\rho = 0$ 且 $\theta = 0$ 时，式（5.1）可以退化为SEM模型；当 $\lambda = 0$ 时，式（5.1）可以退化为SDM模型。

SDM模型不仅考虑了因变量的空间作用，还考虑了由误差项引起的空间自相关。因此，本书拟采用SDM模型进行分析，设定如下模型：

$$\ln Y_{it} = \beta_0 + \rho W \ln Y_{it} + \beta_1 \text{lnflow}_{it} + \beta_2 Z + \theta_1 W \text{lnflow}_{it} + \theta_2 WZ + \varepsilon_{it} \qquad (5.2)$$

$$\ln Y_{it} = \gamma_0 + \rho W \ln Y_{it} + \gamma_1 \text{lnflow}_{it} + \gamma_2 \text{lnac}_{it} + \gamma_3 \text{lnac}_{it} \text{lnflow}_{it} + \gamma_4 Z$$
$$+ \zeta_1 W \text{lnflow}_{it} + \zeta_2 W \text{lnac}_{it} + \zeta_3 W \text{lnac}_{it} \text{lnflow}_{it} + \zeta_4 WZ + \varepsilon_{it} \qquad (5.3)$$

其中，i 表示省份，t 表示年份。Y_{it} 表示 i 省第 t 年的经济增长；$flow_{it}$ 表示 i 省第 t 年的创新要素流动；ac_{it} 表示区域吸收能力；其他变量（Z）包括劳动力（L）、资本存量（K）、基础设施建设（base）、对外开放（open）；W 表示空间权重矩阵；ε_{it} 表示服从独立同分布的随机扰动项；β_0、γ_0 表示常数项；ρ、β_1、β_2、θ_1、θ_2、γ_1、γ_2、γ_3、γ_4、ζ_1、ζ_2、ζ_3、ζ_4 表示各变量系数。模型（5.2）考察创新要素流动对经济增长的影响，模型（5.3）在模型（5.2）的基础上加入区域吸收能力与创新要素流动的交互项，考察区域吸收能力的调节作用。

5.1.1 空间自相关性的检验

在使用空间计量模型之前，首先需要证明我国各省份经济增长存在空间自相关。对此，本书使用全局莫兰指数（Moran's I）进行检验，其计算公式为

$$I = \frac{\sum_{i=1}^{n}\sum_{j=1}^{n}W_{ij}(Y_i - \bar{Y})(Y_j - \bar{Y})}{S^2\sum_{i=1}^{n}\sum_{j=1}^{n}W_{ij}} \tag{5.4}$$

上式中，$S^2 = \frac{1}{n}\sum_{i=1}^{n}(X_i - \bar{X})$ 是样本方差，W_{ij} 是空间权重矩阵，n 为样本总数。Y 为需要进行检验的变量。Moran's I 的显著性检验可以用 Z 统计量进行检验，若拒绝原假设，说明存在显著的空间自相关。

5.1.2 空间计量模型的选择

本书使用 SDM 模型进行估计，为了保证 SDM 模型不退化成 SAR 或 SEM 模型，需要进行 Wald 检验和 LR 检验[67]。若原假设 H_0：$\theta = 0$ 和原假设 H_0：$\theta + \rho\beta = 0$ 均被拒绝，即 "SDM vs. SAR" 和 "SDM vs. SEM" 的 Wald 检验和 LR 检验结果均显著，则 SDM 模型既不能退化为 SAR 模型也不能退化为 SEM 模型。

5.2 变量与数据说明

5.2.1 变量说明

被解释变量：中国各省份的经济增长。学者们普遍使用地区生产总值作为地区经济增长的指标，本书也遵循这一做法，用各省份的地区生产总值来表示，并换算成以2008年为基期的不变价。

解释变量：创新要素流动。本书考察创新要素在区域间的流动对经济增长的影响，解释变量主要包含三种不同类型的创新要素流动，包括创新人才流动、创新资本流动和创新技术流动。具体测算方法见第3章3.1节。需要说明的是：在使用引力模型分别测算创新人才流动量和创新资本流动量时，由于每一年度都会存在吸引力最低的一个样本，该样本在这一年度的创新人才流动量或创新资本流动量为0，考虑到本书在构建计量模型时需要对各变量进行对数化处理，因此将该0值赋值为0.000 1。

调节变量：区域吸收能力。区域吸收能力是各省份获取、消化、转化和应用区域内外部知识的综合能力，是影响创新要素流动与经济增长关系的重要变量。本书构建综合指标体系，对各省份的吸收能力进行测算，具体测算方法见第3章3.2节。本书对区域吸收能力评价指标体系中一些指标的特殊处理如下：①2008年和2009年电话普及率用当年第四季度的固定电话普及率与移动电话普及率求和得到；②2010年的规模以上工业企业R&D人员全时当量、规模以上工业企业R&D内部经费支出、R&D项目数、新产品项目数、开发新产品经费和新产品销售收入6个指标用2009年与2011年两年相应指标的平均值表示。

控制变量。本书对控制变量的选取主要是基于经典的经济增长理论展开的，主要包括：①劳动力投入（L）。劳动力投入一直是影响经济增长的基本要素之一，本书选用各省份全社会从业人员数量作为衡量劳动力投入的指标。②资本投入（K）。资本投入一直是影响经济增长的基本要素之一，本书选用各省份物质资本存量作为衡量资本投入的指标。物质资本存量的测算根据全社会固定资产投资，利用永续盘存法计算得出，其中固定资产折旧率的设定根据单豪杰的研究，取10.96%。③基础设施建设水平（base）。基础设施的不断完善与建设可以为区域经济发展提供便利的条件和有效的支撑，还能够降低创新要素在区域间流动的运输成本和交易成本，因而可以有效促进创新要素在区域间的迁移和流动，进而推动经济增长。本书使用铁道运营里程数对基础设施建设水平进行表示。④对外开放程度（open）。开放程度较高的地区往往具有灵活、宽松的制度环境，带来贸易、投资的蓬勃发展。贸易开放、投资开放能通过技术扩散、管理效应、竞争效应、溢出效应等方式促进区域经济增长。本书选取进出口总额与地区生产总值之比表示对外开放程度。⑤市场化发展水平（mkt）。市场化发展水平可以反映一个地区的市场化环境。王小鲁等编制的中国分省份市场化指数能用于综合衡量中国各省份的市场化改革相对进程，被不少学者直接用于衡量市场化发展水平。本书也不例外，选用市场化指数作为衡量市场化发展水平的指标。

空间权重矩阵。考虑到区域之间是相互关联的客观事实，本书遵循大多数学者的做法，选用地理空间距离权重矩阵进行表示，具体测算方法是：根据国家自然资源部公布的1∶100万电子版地图（2021年版），利用ArcGIS 10测算出两个省份地理中心位置之间的距离 d，构造主对角线元素为0，非主对角线元素为 $1/d$ 的矩阵。

5.2.2 数据来源及描述性统计

基于对数据可得性和统计口径一致性的考虑，本书的实证分析以中国30个省份（西藏自治区和港澳台地区因数据缺失严重或统计口径不一致而未包括在内）为研究样本，研究的时间范围为2008—2021年。本书的数据源于《中国统计年鉴》《中国科技统计年鉴》、国家基础地理信息中心、国家知识产权局专利检索系统。表5.1列出了描述性统计结果。

表5.1　描述性统计结果

变量	样本数	均值	标准差	最小值	最大值
GDP	420	20 145.250	17 492.270	896.900	99 165.890
pfl	420	0.003	0.006	0.001	0.035
cfl	420	0.001	0.001	0.001	0.005
tfl	420	1 726.876	3 829.037	0.001	34 161.000
K	420	58 697.491	45 507.513	1 972.122	235 839.100
L	420	2 554.960	1 637.011	277.005	7 072.003
open	420	11.454	59.712	0.917	1 014.260
base	420	3 792.772	2 260.081	316.101	14 209.499
ac	420	0.222	0.153	0.001	1.000

5.3　相关检验与结果分析

5.3.1　相关检验

首先，检验各省份经济增长之间存在空间自相关。本书使用地理距离的倒数作为空间权重矩阵，对我国各省份的实际生产总值进行测算，结果见表5.2。

表5.2　空间自相关检验

年份	Moran's I	年份	Moran's I	年份	Moran's I	年份	Moran's I	年份	Moran's I
2008	0.083 9*** (3.315 9)	2011	0.084 1*** (3.325 9)	2014	0.082 3*** (3.298 4)	2017	0.084 8*** (3.346 9)	2020	0.085 3*** (3.358 2)
2009	0.084 3*** (3.328 9)	2012	0.083 1*** (3.398 4)	2015	0.082 6*** (3.285 8)	2018	0.085 2*** (3.353 6)	2021	0.087 8*** (3.427 1)
2010	0.085 3*** (3.357 3)	2013	0.082 3*** (3.278 7)	2016	0.083 4*** (3.307 4)	2019	0.085 6*** (3.365 4)		

注：***、**、*分别表示在1%、5%、10%的显著性水平上显著；括号内数值为Z值。

其次，进行 Wald 检验和 LR 检验。建立模型（1）、（2）、（3）分别考察创新人员流动、创新资本流动、创新技术流动对经济增长的影响结果；建立模型（4）、（5）、（6）分别验证区域吸收能力对创新人员流动、创新资本流动、创新技术流动与经济增长关系的调节效应。模型（1）至模型（6）的 Wald 检验和 LR 检验结果都显著拒绝原假设，说明 SDM 模型不可退化成 SAR 或 SEM 模型。检验结果见表 5.3。

表 5.3　Wald 检验和 LR 检验

TEST		无调节			区域吸收能力调节		
		模型（1）	模型（2）	模型（3）	模型（4）	模型（5）	模型（6）
SDM vs. SAR	Wald	118.648***	96.779***	114.564***	151.980***	157.361***	162.721***
	LR	102.632***	86.115***	100.593***	129.115***	132.556***	136.409***
SDM vs. SEM	Wald	102.599***	80.521***	92.980***	158.349***	162.609***	175.163***
	LR	102.635***	85.006***	98.712***	115.110***	123.821***	113.221***

注：***、**、*分别表示在 1%、5%、10% 的显著性水平上显著。

5.3.2　结果分析

根据上述结果可知本书选取空间杜宾模型（SDM）是合理的。进一步地，SDM 模型可以分为随个体而异的个体固定效应 SDM 模型、随时间而异的时间固定效应 SDM 模型、随个体和时间而异的双向固定效应 SDM 模型及随机效应 SDM 模型，经过综合考虑各模型的 R^2、极大似然估计值 Log-L 及变量显著性水平，本书最终选用双向固定效应的 SDM 模型。检验结果见表 5.4。

表 5.4　SDM 模型回归结果

变量	无调节			区域吸收能力调节		
	模型（1）	模型（2）	模型（3）	模型（4）	模型（5）	模型（6）
ρ	0.538***	0.554***	0.565***	0.540***	0.550***	0.395***

续表

变量	无调节			区域吸收能力调节		
	模型（1）	模型（2）	模型（3）	模型（4）	模型（5）	模型（6）
lnpfl	0.021***			0.023***		
	(4.29)			(4.77)		
lncfl		0.004**			0.005***	
		(2.26)			(3.07)	
lntfl			0.017***			0.018***
			(3.63)			(3.89)
lnpfl·lnac				0.005***		
				(3.68)		
lncfl·lnac					0.006***	
					(4.48)	
lntfl·lnac						0.005***
						(4.13)
W·lnpfl	0.085**			0.108***		
	(2.06)			(2.64)		
W·lncfl		0.022**			0.024**	
		(2.16)			(2.39)	
W·lntfl			0.076**			0.101***
			(2.26)			(2.98)
W·lnpfl·lnac				0.049***		
				(3.43)		
W·lncfl·lnac					0.032***	
					(3.67)	
W·lntfl·lnac						0.060***
						(6.92)
R^2	0.978	0.983	0.983	0.983	0.987	0.982
Log–L	866.987	861.723	864.047	877.014	890.526	901.836
N	420	420	420	420	420	420
控制变量	是	是	是	是	是	是

注：***、**、*分别表示在1%、5%、10%的显著性水平上显著；括号内数值为 Z 值。

表5.4中，所有SDM模型的空间项系数ρ均在1%的置信水平下显著为正，再次验证了我国不同地区经济增长之间存在正向空间关联性，即周围省份的经济活动会对本地区的经济增长产生正向加权影响。由模型（1）、（2）、（3）可知，创新人员流动、创新资本流动、创新技术流动的主系数分别为0.021、0.004、0.017，且均显著，说明创新要素（人员、资本、技术）的流入对区域经济增长具有显著的拉动作用。邻里系数 $W \cdot lnpfl$、$W \cdot lncfl$、$W \cdot lntfl$ 分别为0.085、0.022、0.076，且均显著，说明创新人员、资本、技术的流动有正向显著的空间溢出效应。模型（4）、（5）、（6）中加入创新要素流动和区域吸收能力的交乘项后，交乘项 $lnpfl \cdot lnac$、$lncfl \cdot lnac$、$lntfl \cdot lnac$ 的主系数分别为0.005、0.006、0.005，且均显著，这表明区域吸收能力能够正向调节创新要素流动与区域经济增长的关系。交乘项的邻里系数 $W \cdot lnpfl \cdot lnac$、$W \cdot lncfl \cdot lnac$、$W \cdot lntfl \cdot lnac$ 分别为0.049、0.032、0.060，且均显著，这表明区域吸收能力在空间上能够正向调节创新要素流动与区域经济增长的关系。

由于SDM模型存在因变量的空间滞后项，由此产生的反馈效应会使得SDM模型的主系数和邻里系数的大小均不代表该解释变量对因变量的直接影响和间接影响的大小[67]。本书通过偏微分方法分解出创新要素流动对经济增长的直接效应、间接效应和总效应[67]，见表5.5。

表5.5　回归结果的空间效应分解

效应	变量	模型（1）	模型（2）	模型（3）	模型（4）	模型（5）	模型（6）
直接效应	lnpfl	0.027*** (3.71)			0.030*** (4.15)		
	lncfl		0.005** (2.44)			0.007*** (3.16)	
	lntfl			0.022*** (3.47)			0.022*** (3.96)
	lnpfl·lnac				0.009*** (3.58)		

续表

效应	变量	模型（1）	模型（2）	模型（3）	模型（4）	模型（5）	模型（6）
直接效应	lncfl·lnac					0.009*** (4.97)	
	lntfl·lnac						0.007*** (4.82)
间接效应	lnpfl	0.212* (1.89)			0.283** (2.26)		
	lncfl		0.056* (1.86)			0.065** (2.10)	
	lntfl			0.201* (1.96)			0.193** (2.49)
	lnpfl·lnac				0.121*** (2.52)		
	lncfl·lnac					0.085*** (2.77)	
	lntfl·lnac						0.106*** (3.90)
总效应	lnpfl	0.240** (2.02)			0.313** (2.39)		
	lncfl		0.061* (1.94)			0.072** (2.13)	
	lntfl			0.223** (2.08)			0.216*** (2.67)
	lnpfl·lnac				0.130** (2.59)		
	lncfl·lnac					0.093*** (2.96)	
	lntfl·lnac						0.113*** (4.05)

注：***、**、*分别表示在1%、5%、10%的显著性水平上显著；括号内数值为Z值。

根据表5.5，创新人员流入、创新资本流入和创新技术流入的直接效应分别为0.027、0.005和0.022，且均显著，进一步说明三种创新要素的流入对本地区的经济增长具有积极影响，可能的原因是：第一，创新人员的流入拓宽了流入地的知识存量规模，提高了创新生产效率，进而对本地产业和经济形成规模报酬递增效应；第二，创新资本的流入有助于整合本地区内闲散的资金，促进资本优化配置，降低创新生产成本，进而对本地区形成价格指数效应；第三，先进技术的流入直接提高了当地的技术水平，拓宽了企业的生产可能性边界。

创新人员流入、创新资本流入和创新技术流入的间接效应分别为0.212、0.056和0.201，且均显著，进一步说明三种创新要素的流入对邻近地区的经济增长具有空间溢出作用，可能的原因在于：第一，创新人员流动存在知识动态回流效应，创新人员通过社会关系网络保持与原来地区学术与产业的联系；第二，创新资本在"逐利性"的驱动下流向边际收益率更高的地区，激活了科技资本的乘数效应；第三，创新技术流入后，容易引起当地企业争相模仿和二次开发，原地区为了保持技术领先优势而不得不加速技术创新发明。由此可见，创新要素流动并非此消彼长的"零和博弈"，而是互利共赢的"正和博弈"，创新要素流动有利于区域经济的整体增长。

在引入区域吸收能力这一调节变量后，就创新人员流动与区域吸收能力的交乘项 $\ln pfl \cdot \ln ac$ 而言，其直接效应、间接效应和总效应分别为0.009、0.121、0.130，且均显著，表明区域吸收能力能正向调节创新人员流动对本地区及邻近地区经济增长的积极影响，原因在于：区域吸收能力的提高不仅有助于本地企业更好地理解创新人才携带的知识技能和管理经验，还能更好发挥跨地区创新人才流动产生的空间知识溢出效应。就创新资本流动与区域吸收能力的交互项 $\ln cfl \cdot \ln ac$ 而言，其直接效应、间接效应和总效应分别为0.009、0.085、0.093，且均显著，表明区域吸收能力正向调节创新资本流动对本地区及邻近地区经济增长的积极影响，这是因为，区域吸收能力不仅直接提升本地区研发经费投入的效能，还加快了创新部门的资本周转速度，因此提高了创新资本流动的直接效应和溢出效应。就创新技术流动与区域吸收能力的交互项 $\ln tfl \cdot \ln ac$ 而言，其直接效应、间接效应和总效应分别为0.007、0.106、0.113，且均显著，表明区域吸收能力正向调节创新技术流动对本地区及邻近地区的经济增长有积极影响。可能的原因是，专利技术通常是高度复杂的，将其运用到创新生产前需要充分的理解并吸收，并且基于已有技术的二次开发也要求当地具备一定程度的技术吸收能力。由此可见，区域吸收能力在创新要素流动和区域经济增长的关系中起到重要作用。

5.3.3 稳健性检验

为避免不同空间权重矩阵对估计结果造成的影响，本书借鉴余泳泽和刘大勇的方法，使用Queen邻近矩阵作为空间权重矩阵进行稳健性检验[136]。结果见表5.6。

表5.6 稳健性检验结果

效应	变量	模型（1）	模型（2）	模型（3）	模型（4）	模型（5）	模型（6）
直接效应	lnpfl	0.024*** (4.54)			0.023*** (4.53)		
	lncfl		0.005** (2.55)			0.006*** (3.34)	
	lntfl			0.018*** (3.48)			0.017*** (3.35)
	lnpfl·lnac				0.006*** (3.57)		
	lncfl·lnac					0.007*** (5.28)	
	lntfl·lnac						0.005*** (3.55)
间接效应	lnpfl	0.060*** (2.93)			0.059*** (3.10)		
	lncfl		0.013** (2.01)			0.012** (2.21)	

效应	变量	模型（1）	模型（2）	模型（3）	模型（4）	模型（5）	模型（6）
间接效应	lntfl			0.034* (1.78)			0.028* (1.74)
	lnpfl·lnac				0.030*** (4.02)		
	lncfl·lnac					0.015*** (3.54)	
	lntfl·lnac						0.023*** (5.75)
总效应	lnpfl	0.084*** (3.42)			0.082*** (3.57)		
	lncfl		0.018** (2.29)			0.018*** (2.74)	
	lntfl			0.052** (2.30)			0.046** (2.42)
	lnpfl·lnac				0.036*** (4.13)		
	lncfl·lnac					0.022*** (2.74)	
	lntfl·lnac						0.027*** (6.38)

注：***、**、*分别表示在1%、5%、10%的显著性水平上显著；括号内数值为Z值。

根据稳健性检验结果可知，核心变量估计结果的回归系数大小略有差异，但方向及和显著性水平与前文基本保持一致。因此，本书的分析结果具有稳健性。

第6章　研究结论与政策建议

6.1　研究结论

本书利用新经济地理学模型分析了在区域吸收能力影响空间知识溢出的情况下，创新要素流动对经济增长的作用机理。然后，基于2008—2021年中国30个省份（研究样本未包括西藏自治区和港澳台地区）的数据，分析了创新人员流动、创新资本流动、创新技术流动和区域吸收能力的时空特征，利用SDM模型实证检验了三类创新要素流动对经济增长的影响，探讨了区域吸收能力对创新要素流动与经济增长之间关系的调节作用。研究结论如下。

第一，我国区际创新要素流动在空间上的空间集聚特征明显。在研究期间，我国创新人员流入的高值集中在北京、天津、上海、江苏、浙江、重庆、宁夏、广东等省份，创新资本流入的高值集中在河北、北京、天津、安徽、江苏等省份，创新技术流入的高值集中在江苏、广东、浙江、北京、山东、安徽、上海等省份，三类创新要素主要流向东部地区和个别中部地区，整体上东高西低的空间集聚特征明显。

第二，我国各省份间的吸收能力的存在一定差距。在研究期间内，区域吸收能力年均值排名前五的省份依次为广东、江苏、北京、浙江、上海，区域吸收能力年均值排名末五位的省份依次是青海、宁夏、海南、贵州、甘肃，其中，广东（全国最高）的吸收能力是青海（全国最低）的 8.29 倍。整体上看，东部、中部、西部地区的吸收能力存在较大差距。

第三，我国区际创新要素流动、区域吸收能力显著促进经济增长。SDM 模型的检验结果表明，创新人员流动、创新资本流动和创新技术流动显著正向促进了本地区的经济增长，且三种创新要素流动在空间上对邻近地区经济增长产生正向溢出效应。进一步，区域吸收能力不仅正向调节创新人员流动、创新资本流动和创新技术流动与本地经济增长之间的关系，还正向调节三种创新要素流动与邻地经济增长之间的关系。

6.2　政策建议

上述研究结论为我国"加快实施创新驱动发展战略"、促进区域协调发展提供了深刻的政策启示。针对如何促进创新要素在全国范围内的快速高效流动，提高区域知识吸收能力，以缩小地区发展差距，推动中国经济高质量发展，本书提出以下三个方面的政策建议。

第一，合理配置区域创新资源。考虑到不同地区创新要素流入量存在东高西低的集聚现象，为了避免东部地区创新要素过度集中而导致的资源拥挤效应，政府需要采取适度的行政干预措施，包括增加对中西部地区科技创新资源的投入，以培育更多中西部地区的创新增长中心。通过财政补贴和转移支付等手段，可以吸引部分创新要素流向中西部地区，从而实现区域创新资源的均衡配置，推动经济发展的全面协调。

第二，扫清阻碍创新要素流动的障碍。由于创新要素流动对本地区及周围地区的经济增长都具有促进作用，因此需要加快区际创新要素的流动速度，拓展创新要素流动所带来的空间溢出效应范围。为此，可以着重从以下三个方面施策：①放宽人才落户限制，如降低落户门槛、增加落户指标、扩大落户范围等，以吸引更多高层次、高技能人才流入；②增加人才公寓供给，提高引进人才的安家费，有效解决引进人才的居住问题；③加强地区之间创新活动的交流与合作，促进创新资本跨区流动，如鼓励跨地区申请国家级重点实验室开放课题，不同地区的研究人员联合申请国家、各省份的自然科学基金和社会科学基金等各级各类课题。

第三，提升区域吸收能力至关重要。区域吸收能力对于有效利用创新要素流动所带来的外部知识以促进地区经济增长具有关键性作用。为了增强区域的吸收能力，需要建立和丰富区域自身的知识储备。随着区域内部知识的积累和丰富，地区对外部知识的认知能力也将随之增强，进而更容易有效地吸收和应用外部知识，产生更为显著的知识溢出效应。政府在此方面可以采取多种措施。首先，政府可以加大对教育事业的投入，提高教育质量和人才培养水平。例如，可以建设高水平的大学，加强师资队伍建设，并完善教育教学体系，以培养更多高素质的人才。其次，政府可以为企业提供更加优惠的税收政策和研发资金支持，鼓励企业增加研发投入，不仅可以促进技术创新，还可以夯实吸收外部知识的基础能力。最后，政府还可以进一步完善交通和信息基础设施，加强地区间的人口、知识和贸易联系，为知识流入创造更多的机会。例如，可以加强高速公路、铁路和信息网络的建设，提高区域间的物流和信息流畅度，降低知识流动的成本，促进知识的传播和共享，有效提升区域的吸收能力，更好地利用创新要素，推动地区经济的发展。

参考文献

[1] 范剑勇，朱国林.中国地区差距演变及其结构分解 [J].管理世界，2002，18（7）：37-44.

[2] CANIËLS M，VERSPAGEN B. Barriers to knowledge spillovers and regional convergence in an evolutionary model [J]. Journal of Evolutionary Economics，2001，11（3）：307-329.

[3] SHANG Q，POON J P H，YUE Q. The role of regional knowledge spillovers on China's innovation [J]. China Economic Review，2012，23（4）：1164-1175.

[4] 何雄浪，王舒然.产业集聚、知识溢出与中国区域经济增长 [J].云南财经大学学报，2021，37（9）：15-30.

[5] 赵勇，白永秀.知识溢出：一个文献综述 [J].经济研究，2009，44（1）：144-156.

[6] ALMEIDA P，KOGUT B. Localization of knowledge and the mobility of engineers in regional networks [J]. Management Science，1999，45（7）：905-917.

[7] FUNKE M，NIEBUHR A. Regional geographic research and development spillovers and economic growth：evidence from west Germany [J]. Regional Studies，2005，39（1）：143-153.

[8] 黄明凤，姚栋梅.研发要素流动、空间溢出效应与区域创新效率——基于省际面板数据的空间杜宾模型分析 [J].科研管理，2022，43（4）：149-157.

[9] 王正明，李远，李文超.创新要素流动对区域技术进步的空间效应研究 [J].南京工业大学学报（社会科学版），2021，20（5）：65-79，112.

[10] 白俊红，王钺，蒋伏心，等.研发要素流动、空间知识溢出与经济增长 [J].经济研究，2017，52（7）：109-123.

[11] FUJITA M，THISSE J. Does geographical agglomeration foster economic growth？ And who gains and loses from it？[J]. Japanese Economic Review，2003，54（2）：121-145.

[12] EUROSTAT OECD，EUROPEAN UNION. Proposed guidelines for collecting and interpreting technological innovation data：Oslo manual [M]. Paris：OECD Publishing，1997.

[13] 郑刚. 基于TIM视角的企业技术创新过程中各要素全面协同机制研究 [D]. 杭州：浙江大学，2004.

[14] 许庆瑞. 全面创新管理：理论与实践 [M]. 北京：科学出版社，2007.

[15] 牛方曲，刘卫东. 中国区域科技创新资源分布及其与经济发展水平协同测度 [J]. 地理科学进展，2012，31（2）：149-155.

[16] 朱婷. 创新资源配置效率与地区经济增长——基于2008—2017年中国省级面板数据的实证分析 [D]. 北京：北京大学，2020.

[17] 常爱华. 区域科技资源集聚能力研究 [D]. 天津：天津大学，2012.

[18] 白俊红，蒋伏心. 协同创新、空间关联与区域创新绩效 [J]. 经济研究，2015，50（7）：174-187.

[19] 陶长琪，徐茉. 经济高质量发展视阈下中国创新要素配置水平的测度 [J]. 数量经济技术经济研究，2021，38（3）：3-22.

[20] 万勇. 创新要素、空间格局与经济增长 [J]. 社会科学，2014，35（10）：47-55.

[21] 刘新艳，陈圻，张新婷. 创新要素对新兴产业的牵引分析 [J]. 科技进步与对策，2011，28（24）：50-54.

[22] 肖兴志，徐信龙. 区域创新要素的配置和结构失衡：研究进展、分析框架与优化策略 [J]. 科研管理，2019，40（10）：1-13.

[23] 杨省贵，顾新. 区域创新体系间创新要素流动研究 [J]. 科技进步与对策，2011，28（23）：60-64.

[24] COOKE P. Regional innovation systems：competitive regulation in the new Europe [J]. Geoforum，1992，23（3）：365-382.

[25] 凌峰，戚湧，朱婷婷. 战略性新兴产业创新要素供给体系与协同机制 [J]. 科技进步与对策，2016，33（22）：56-63.

[26] 朱苑秋. 我国大都市圈创新要素整合 [D]. 上海：上海交通大学，2007.

[27] RAVENSTEIN E G. The laws of migration [J]. Journal of the Statistical Society of London，1885，48（2）：167-235.

[28] 张治栋，裴尔洁．政府行为下创新要素流动及其空间溢出效应研究 [J]．科技进步与对策，
 2021，38（15）：37-46.

[29] 吕海萍．创新要素空间流动及其对区域创新绩效的影响研究 [D]．杭州：浙江工业大学，
 2019.

[30] FUJITA M，MORI T，HENDERSON J V. Spatial distribution of economic activities in Japan
 and China [M]. Amsterdam：Elsevier，2004.

[31] 陈晓．创新要素流动对全要素生产率的影响 [D]．上海：华东师范大学，2019.

[32] 赵伟，李芬．异质性劳动力流动与区域收入差距：新经济地理学模型的扩展分析 [J]．中
 国人口科学，2007，20（1）：27-35，95.

[33] 王春杨，兰宗敏，张超，等．高铁建设、人力资本迁移与区域创新 [J]．中国工业经济，
 2020，37（12）：102-120.

[34] BERGSTRAND J H，EGGER P. A knowledge-and-physical-capital model of international
 trade flows，foreign direct investment，and multinational enterprises [J]. Journal of Interna-
 tional Economics，2007，73（2）：278-308.

[35] 蒋天颖，谢敏，刘刚．基于引力模型的区域创新产出空间联系研究——以浙江省为例
 [J]．地理科学，2014，34（11）：1320-1326.

[36] 韩军，孔令丞．创新要素流动与产业结构变迁关系及其空间溢出效应研究 [J]．科技进步
 与对策，2020，37（19）：59-67.

[37] 宋炜，周勇．创新要素流动、地方保护主义与空间知识溢出——来自2000—2016年中国
 省级的经验证据 [J]．管理评论，2021，33（7）：107-119.

[38] 李涛，刘国燕．时空压缩下研发要素流动是否提升了区域绿色创新效率 [J]．科技进步与
 对策，2021，38（19）：37-46.

[39] 李小平，陈勇．劳动力流动、资本转移和生产率增长——对中国工业"结构红利假说"
 的实证检验 [J]．统计研究，2007，24（7）：22-28.

[40] 姚栋梅．西部地区研发要素流动对创新效率的影响研究 [D]．石河子：石河子大学，2019.

[41] 梁丽娜，于渤．技术流动、创新网络对区域创新能力的影响研究 [J]．科研管理，2021，
 42（10）：48-55.

[42] 董直庆，赵星．要素流动方向、空间集聚与经济增长异地效应检验 [J]．东南大学学报
 （哲学社会科学版），2018，20（6）：57-67，147.

[43] 王钺，胡春阳.经济内循环背景下要素流动对区域创新质量空间收敛的影响研究 [J]. 宁夏社会科学，2020，39（6）：93-101.

[44] 刘承良，管明明，段德忠.中国城际技术转移网络的空间格局及影响因素 [J]. 地理学报，2018，73（8）：1462-1477.

[45] 吴虹仪，殷德生.专利流动与中国工业企业全要素生产率 [J]. 经济管理，2021，43（4）：21-38.

[46] KELLER W，YEAPLE S R. Multinational enterprises，international trade，and productivity growth：firm level evidence from the united states [J]. The Review of Economics and Statistics，2009，91（4）：821-831.

[47] 张辽.要素流动、产业转移与经济增长——基于省区面板数据的实证研究 [J]. 当代经济科学，2013，35（5）：96-105，128.

[48] EATON J，KORTUM S. International technology diffusion：Theory and measurement [J]. International Economic Review，1999，40（3）：537-570.

[49] EATON J，KORTUM S. Trade in capital goods [J]. European Economic Review，2001，45（7）：1195-1235.

[50] ULKU H，PAMUKCU M T. The impact of R&D and knowledge diffusion on the productivity of manufacturing firms in turkey [J]. Journal of Productivity Analysis，2015，44（1）：79-95.

[51] 南旭光.人才流动、知识溢出和区域发展：一个动态知识连接模型 [J]. 科技与经济，2009，22（3）：24-27.

[52] 殷德生，吴虹仪，金桩.创新网络、知识溢出与高质量一体化发展——来自长江三角洲城市群的证据 [J]. 上海经济研究，2019（11）：30-45.

[53] BERLIANT M，FUJITA M. Knowledge creation as a square dance on the hilbert cube [J]. International Economic Review，2008，49（4）：1251-1295.

[54] BERLIANT M，FUJITA M. The dynamics of knowledge diversity and economic growth [J]. Southern Economic Journal，2011，77（4）：856-884.

[55] 贺渊哲.中国区域间研发要素流动对经济增长的影响研究 [D]. 长春：东北师范大学，2020.

[56] 周密，孙哲.京津冀区域吸收能力的测算和空间协同研究 [J]. 经济地理，2016，36（8）：31-39.

[57] KELLER W. Absorptive capacity：On the creation and acquisition of technology in develop-ment [J]. Journal of Development Economics，1996，49（1）：199-227.

[58] 何雄浪.FDI技术溢出、吸收能力与经济增长——基于西南地区与华东地区的比较研究 [J]. 西南民族大学学报（人文社会科学版），2014，35（7）：109-115.

[59] 王军，常红.知识溢出、吸收能力与经济增长——基于调节效应的检验 [J].经济与管理研究，2020，41（9）：12-28.

[60] 朱丰毅，桂文林.粤港澳区域知识溢出与经济增长 [J].数量经济技术经济研究，2022，39（3）：44-65.

[61] 毕世杰，马春文.发展经济学 [M]. 4版.北京：高等教育出版社，2016.

[62] 沈昊驹.马克思主义经济发展理论研究——基于经济发展伦理的视角 [M].武汉：湖北人民出版社，2012.

[63] 项俊波.结构经济学——从结构视角看中国经济 [M].北京：中国人民大学出版社，2009.

[64] 吉拉德·米耶，都德莱·西尔斯.经济发展理论的十位大师 [M].刘鹤，等译.北京：中国经济出版社，2013.

[65] REINERT E S. How rich countries got rich and why poor countries stay poor [M]. New York：Public Affairs，2008.

[66] 束克东，黄阳华.演化发展经济学与贸易政策新争论的历史背景 [J].经济社会体制比较，2008，(5)：33-38.

[67] 王效云.拉美国家的发展困境与出路 [D].北京：中国社会科学院研究生院，2020.

[68] 林毅夫.新结构经济学——重构发展经济学的框架 [J].经济学，2010，10（1）：1-32.

[69] 林毅夫.新结构经济学：反思经济发展与政策的理论框架 [M].北京：北京大学出版社，2012.

[70] 林毅夫.新结构经济学的理论基础和发展方向 [J].经济评论，2017（3）：4-16.

[71] 林毅夫，等.新结构经济学研习方法 [M].北京：北京大学出版社，2021.

[72] ROMER P M. Increasing returns and long-run growth [J]. Journal of political economy，1986，94（5）：1002-1037.

[73] LUCAS R E. On the mechanics of economic development [J]. Journal of monetary economics，1988，22（1）：3-42.

[74] ROMER P M. Growth based on increasing returns due to specialization [J]. The American Economic Review, 1987, 77（2）: 56-62.

[75] ROMER P M. Endogenous technological change [J]. Journal of political Economy, 1990, 98（5, Part 2）: S71-S102.

[76] GROSSMAN G M, HELPMAN E. Trade, knowledge spillovers, and growth [J]. European economic review, 1991, 35（2-3）: 517-526.

[77] DURANTON G, PUGA D. Diversity and specialisation in cities: why, where and when does it matter? [J]. Urban studies, 2000, 37（3）: 533-555.

[78] PORTER M E. The competitive advonioge of notions [J]. Harvard business review, 1990, 73（91）: 896.

[79] HARRISON T, LOVERA O M, GROVE M. New insights into the origin of two contrasting Himalayan granite belts [J]. Geology, 1997, 25（10）: 899-902.

[80] BALDWIN-EDWARDS M. Albanian emigration and the Greek labour market: Economic symbiosis and social ambiguity [J]. SEER-South-East Europe Review for Labour and Social Affairs, 2004（1）: 51-65.

[81] BALDWIN J R, GU W. Export-market participation and productivity performance in Canadian manufacturing [J]. Canadian Journal of Economics/Revue canadienne d'économique, 2003, 36（3）: 634-657.

[82] HENDERSON J V. Urbanization and growth [M]//Handbook of economic growth. Amsterdam, Holand: Elsevier, 2005, 1: 1543-1591.

[83] BEHRENS K, DURANTON G, ROBERT-NICOUD F. Productive cities: Sorting, selection, and agglomeration [J]. Journal of Political Economy, 2014, 122（3）: 507-553.

[84] KING R G, LEVINE R. Finance, entrepreneurship and growth [J]. Journal of Monetary economics, 1993, 32（3）: 513-542.

[85] 王志强, 孙刚. 中国金融发展规模, 结构, 效率与经济增长关系的经验分析 [J]. 管理世界, 2003（7）: 13-20.

[86] 赵振全, 于震, 杨东亮. 金融发展与经济增长的非线性关联研究——基于门限模型的实证检验 [J]. 数量经济技术经济研究, 2007, 24（7）: 54-62.

[87] 武志. 金融发展与经济增长: 来自中国的经验分析 [J]. 金融研究, 2010（5）: 58-68.

[88] DAVIS E P. International financial centres: an industrial analysis [M]. London: Bank of England, 1990.

[89] SEO B. Geographies of finance: Centers, flows, and relations [J]. Hitotsubashi Journal of Economics, 2011, 52 (1): 69-86.

[90] 潘英丽. 论金融中心形成的微观基础 [J]. 上海财经大学学报, 2003 (2): 49-57.

[91] 连建辉, 孙焕民, 钟惠波. 金融企业集群: 经济性质, 效率边界与竞争优势 [J]. 金融研究, 2005 (6): 72-82.

[92] 李林, 丁艺, 刘志华. 金融集聚对区域经济增长溢出作用的空间计量分析 [J]. 金融研究, 2011 (5): 113-123.

[93] METCALFE J S. Evolutionary economics and technology policy [J]. The Economic Journal, 1994, 104 (425): 931-944.

[94] FREEMAN L. The development of social network analysis [J]. A Study in the Sociology of Science, 2004, 1 (687): 159-167.

[95] COOKE P. Regional innovation systems: competitive regulation in the new Europe [J]. Geoforum, 1992, 23 (3): 365-382.

[96] GREEN K. National innovation systems: a comparative analysis [M]. Oxford University Press, USA, 1993.

[97] KAUKONEN K M, OLKKOLA K T, NEUVONEN P J. Itraconazole increases plasma concentrations of quinidine [J]. Clinical Pharmacology & Therapeutics, 1997, 62 (5): 510-517.

[98] HAUKNES J, NORDGREN L. Economic rationales of government involvement in innovation and the supply of innovation-related services [J]. 1999.

[99] GRILLITSCH M, ASHEIM B, ISAKSEN A, et al. Advancing the treatment of human agency in the analysis of regional economic development: Illustrated with three Norwegian cases [J]. Growth and Change, 2022, 53 (1): 248-275.

[100] 薛永刚. 基于 S-SEM 的区域创新系统影响因素和路径研究 [J]. 科研管理, 2021, 42 (8): 150.

[101] 肖冬平, 顾新. 基于自组织理论的知识网络结构演化研究 [J]. 科技进步与对策, 2009, 26 (19): 168-172.

[102] 庄涛. 京津冀协同创新关系: 主体协同与空间关联 [J]. 科学学与科学技术管理, 2021, 42 (12): 35-48.

[103] 吕拉昌. 创新地理学[M]. 北京：科学出版社，2020.

[104] 张战仁. 地理空间视角下我国区域创新非均衡发展的时空模式研究 [D]. 上海：华东师范大学，2011.

[105] LEE T W，MOWDAY R T. Voluntarily leaving an organization：An empirical investigation of Steers and Mowday's model of turnover [J]. Academy of Management journal，1987，30（4）：721-743.

[106] PARCERO J A C. Leones，lenguaje y derechos. Sobre la existencia de los derechos sociales（Réplica a Fernando Atria）[J]. Discusiones，2004，4：71-98.

[107] WEBBER D J. Legislators' use of policy information [J]. American Behavioral Scientist，1987，30（6）：612-631.

[108] TEMPLE M. Regional economics [M]. St. Martin's Press，1994.

[109] MARTIN P，ROGERS C A. Long-term growth and short-term economic instability [J]. European Economic Review，2000，44（2）：359-381.

[110] 梁宇峰. 资本流动与东西部差距 [J]. 上海经济研究，1997（11）：28-31.

[111] 王小鲁，樊纲. 中国地区差距的变动趋势和影响因素 [J]. 经济研究，2004（1）：33-44.

[112] 肖灿夫. 我国区域资本流动与区域经济协调发展 [J]. 财务与金融，2010（4）：17-20.

[113] TAYLOR A M，WILLIAMSON J G. Convergence in the age of mass migration [J]. European review of economic history，1997，1（1）：27-63.

[114] FAGGIAN A，MCCANN P. Human capital，graduate migration and innovation in British regions [J]. Cambridge Journal of Economics，2009，33（2）：317-333.

[115] 刘献华. 论人才流动在经济发展中的作用 [J]. 湖南行政学院学报，2000（3）：43-46.

[116] 牛冲槐，接民，张敏，等. 人才聚集效应及其评判 [J]. 中国软科学，2006（4）：118-123.

[117] 桂昭明，苏琴. 我国人才流动效益研究 [J]. 中国人才，2008（6）：61-63.

[118] 南旭光. 人才流动，知识溢出和区域发展：一个动态知识连接模型 [J]. 科技与经济，2009，22（3）：24-27.

[119] 徐倪妮，郭俊华. 科技人才流动的宏观影响因素研究 [J]. 科学学研究，2019，37（3）：414-421.

[120] MYINT H. Economic theory and the underdeveloped countries [J]. Journal of Political Economy, 1965, 73 (5): 477-491.

[121] 严浩坤. 中国跨区域资本流动：理论分析与实证研究 [D]. 杭州：浙江大学，2008.

[122] 丁艺，李靖霞，李林. 金融集聚与区域经济增长——基于省际数据的实证分析 [J]. 保险研究，2010，(2)：20-30.

[123] 蔡兵. 技术联盟现象初探 [J]. 自然辩证法研究，1995，11 (8)：38-42.

[124] 张鸣鹤. 中国新能源汽车产业技术联盟选择研究 [D]. 沈阳：辽宁大学，2015.

[125] 赵炎，王琦. 联盟网络的小世界性对企业创新影响的实证研究——基于中国通信设备产业的分析 [J]. 中国软科学，2013，(4)：108-116.

[126] ETZKOWITZ H, WEBSTER A, GEBHARDT C, et al. The future of the university and the university of the future: evolution of ivory tower to entrepreneurial paradigm [J]. Research policy, 2000, 29 (2): 313-330.

[127] 焦媛媛. 主体异质性对产学研合作关系质量的影响机制研究 [D]. 长春：吉林大学，2017.

[128] 张艺，陈凯华，朱桂龙. 产学研合作与后发国家创新主体能力演变——以中国高铁产业为例 [J]. 科学学研究，2018，36 (10)：1896-1913.

[129] PONCET S. Measuring Chinese domestic and international integration [J]. China Economic Review, 2003, 14 (1): 1-21.

[130] 陈秀山，张若. 中部地区省际产品贸易流量估算与空间分析 [J]. 华中师范大学学报（人文社会科学版），2007，46 (5)：36-42.

[131] 俞立平. 不同来源科研经费对内贸与外贸贡献的比较——基于省际高技术产业的实证 [J]. 财经科学，2013 (4)：111-119.

[132] 谢姗. 比较优势理论过时了吗？——基于国内区际贸易的实证分析 [J]. 经济与管理研究，2015，36 (10)：71-79.

[133] ROMER P. Comment on its Not Factor Accumulation: Stylized Facts and Growth Models [J]. World Bank Economic Review, 2001, 15 (2): 225-227.

[134] GRILICHES Z. Issues in assessing the contribution of research and development to productivity growth [J]. Bell Journal of Economics, 1979, 10 (1): 92-116.

[135] BERNSTEIN J I, NADIRI M I. Interindustry R&D spillovers, rates of return, and production in high-tech industries [J]. American Economic Review, 1988, 78 (2): 429-434.

[136] GLAESER E L, KALLAL H D, SCHEINKMAN J A, et al. Growth in cities [J]. Journal of political economy, 1992, 100 (6): 1126-1152.

[137] MEUSBURGER P. Milieus of creativity: The role of places, environments, and spatial contexts [J]. Milieus of creativity: An interdisciplinary approach to spatiality of creativity, 2009, 2: 97-153.

[138] BALDWIN R E, MARTIN P, OTTAVIANO G I P. Global income divergence, trade, and industrialization: The geography of growth take-offs [J]. Journal of Economic Growth, 2001, 6 (1): 5-37.

[139] AUDRETSCH D B, FELDMAN M P. Knowledge spillovers and the geography of innovation [M]//Handbook of regional and urban economics. Elsevier, 2004, 4: 2713-2739.

[140] ERIKSSON R H. Localized spillovers and knowledge flows: How does proximity influence the performance of plants? [J]. Economic geography, 2011, 87 (2): 127-152.

[141] FISCHER M M, VARGA A. Production of knowledge and geographically mediated spillovers from universities [J]. The Annals of Regional Science, 2003, 37 (2): 303-23.

[142] FISCHER M M, SCHERNGELL T, JANSENBERGER E. Geographic localisation of knowledge spillovers: evidence from high-tech patent citations in Europe [J]. The Annals of Regional Science, 2009, 43: 839-858.

[143] 易巍, 龙小宁, 林志帆. 地理距离影响高校专利知识溢出吗——来自中国高铁开通的经验证据 [J]. 中国工业经济, 2021 (9): 99-117.

[144] FINDLAY R. Relative backwardness, direct foreign investment, and the transfer of technology: a simple dynamic model [J]. The Quarterly Journal of Economics, 1978, 92 (1): 1-16.

[145] SJOHOLM F. Technology gap, competition and spillovers from direct foreign investment: Evidence from establishment data [J]. The Journal of Development Studies, 1999, 36 (1): 53.

[146] LI X, LIU X, PARKER D. Foreign direct investment and productivity spillovers in the Chinese manufacturing sector [J]. Economic systems, 2001, 25 (4): 305-321.

[147] 陈怡安. 技术差距、技术进步效应与海归回流的知识溢出 [J]. 经济管理, 2014, 36 (11): 154-165.

[148] BOSCHMA R A, TER WAL A L J. Knowledge networks and innovative performance in an industrial district: the case of a footwear district in the south of Italy [J]. Papers in Evolutionary Economic Geography, 2006, 6: 1-23.

[149] SANTANGELO R, PADERU P, DELMAS G, et al. Efficacy of oral cochleate-amphotericin B in a mouse model of systemic candidiasis [J]. Antimicrobial agents and chemotherapy, 2000, 44 (9): 2356-2360.

[150] CANTWELL J, SANTANGELO G D. The new geography of corporate research in information and communications technology (ICT) [C]//Change, Transformation and Development. Physica-Verlag HD, 2003: 343-377.

[151] CARLINO G, KERR W R. Agglomeration and innovation [J]. Handbook of regional and urban economics, 2015, 5: 349-404.

[152] STORPER M. The resurgence of regional economies, ten years later: the region as a nexus of untraded interdependencies [J]. European urban and regional studies, 1995, 2 (3): 191-221.

[153] COOKE P. Regional innovation systems: general findings and some new evidence from biotechnology clusters [J]. The journal of technology transfer, 2002, 27 (1): 133-145.

[154] GIULIANI E. Cluster absorptive capacity: why do some clusters forge ahead and others lag behind? [J]. European urban and regional studies, 2005, 12 (3): 269-288.

[155] CAPELLO R, FAGGIAN A. Collective learning and relational capital in local innovation processes [J]. Regional studies, 2005, 39 (1): 75-87.

[156] CREVOISIER O. The innovative milieus approach: toward a territorialized understanding of the economy? [J]. Economic geography, 2004, 80 (4): 367-379.

[157] OWEN-SMITH J, POWELL W W. Knowledge networks as channels and conduits: The effects of spillovers in the Boston biotechnology community [J]. Organization science, 2004, 15 (1): 5-21.

[158] COHEN W M, LEVINTHAL D A. Innovation and learning: the two faces of R & D [J]. The economic journal, 1989, 99 (397): 569-596.

[159] COHEN W M, LEVINTHAL D A. Absorptive capacity: A new perspective on learning and innovation [J]. Administrative science quarterly, 1990, 35 (1): 128-152.

[160] COHEN W M, LEVINTHAL D A. Fortune favors the prepared firm [J]. Management science, 1994, 40 (2): 227-251.

[161] ZAHRA S A, GEORGE G. The net-enabled business innovation cycle and the evolution of dynamic capabilities [J]. Information systems research, 2002, 13 (2): 147-150.

[162] LANE P J，BALAJI K，PATHAK S. A thematic analysis and critical assessment of absorptive capacity research. Academy of Management Proceedings，M1，2002：p 6.

[163] MUKHERJI N，SILBERMAN J. Absorptive capacity，knowledge flows，and innovation in US metropolitan areas [J]. Journal of Regional Science，2013，53（3）：392-417.

[164] ARROW K J. The economic implications of learning by doing [J]. The review of economic studies，1962，29（3）：155-173.

[165] FRANS R，HENK. Absorptive Capacity：Antecedents，Models and Outcomes [J]. ERIM Report Series Reference，2003.

[166] WHITTAKER J，BURNS M，VAN BEVEREN J. Understanding and measuring the effect of social capital on knowledge transfer within clusters of small-medium enterprises[C]//16th Annual Conference of Small Enterprise Association of Australia and New Zealand. 2003.

[167] LUND VINDING A. Absorptive capacity and innovative performance：A human capital approach [J]. Economics of innovation and New Technology，2006，15（4-5）：507-517.

[168] CHEN J，RUSSELL K H，MONICA L. A Proposed Model of Organizational Absorptive Capacity And CRM Innovation Success [C]// Decision Sciences Institute 2002 Annual Meeting Proceedings，2002：741-746.

[169] SCHMIDT T. Absorptive capacity-one size fits all? A firm-level analysis of absorptive capacity for different kinds of knowledge [J]. Managerial and Decision Economics，2010，31（1）：1-18.

[170] JUSTIN J P J，FRANS A J，HENK W V. Managing potential and realized absorptive capacity：how do organizational antecedents matter？[J]. The Academy of Management Journal，2005，48（6）：999-1015.

[171] METTE P K，BENT D，GERT V. Two Faces of Absorptive Capacity Creation：Access and Utilisation of Knowledge [M]. Aalborg，Denmark：Nelson and Winter Conference organised，2001.

[172] NICOLAI J F，KELD L，TORBEN P. Organizing to gain from user interaction：the role of organizational practices for absorptive and innovative capacities [M]. Organizing the Search for Technological Innovation，2005.

[173] 陈劲，蒋子军，陈钰芬.开放式创新视角下企业知识吸收能力影响因素研究 [J].浙江大学学报（人文社会科学版），2011，41（5）：71-82.

[174] BLOMSTRÖM M，KOKKO A，MUCCHIELLI J L. The economics of foreign direct investment incentives [M]//Foreign direct investment in the real and financial sector of industrial countries [M]. Berlin，Heidelberg：Springer Berlin Heidelberg，2003：37–60.

[175] 李杏. 外商直接投资技术外溢吸收能力影响因素研究——基于中国29个地区面板数据分析 [J]. 国际贸易问题，2007，(12)：79–86.

[176] 郑展，韩伯棠，张向东. 区域知识溢出与吸收能力研究 [J]. 科学学与科学技术管理，2007，(4)：97–101，152.

[177] 蔡经汉，颜秀春，李冠军. 区域吸收能力研究综述 [J]. 技术经济，2011，30 (11)：40–44，88.

[178] 秦可德. 空间溢出、吸收能力与我国区域新兴产业发展 [D]. 上海：华东师范大学，2014.

[179] 周密，孙哲. 京津冀区域吸收能力的测算和空间协同研究 [J]. 经济地理，2016，36 (8)：31–39.

[180] 上官绪明. 技术溢出，吸收能力与技术进步 [J]. 世界经济研究，2016 (8)：87–100.

[181] KRUGMAN P. Increasing returns and economic geography [J]. Journal of political economy，1991，99 (3)：483–499.

[182] MARTIN P，OTTAVIANO P. Growing Locations: Industry Location in a Model of Endogenous Growth[J].European Economic Review, 1999 (43)：281–302.

[183] BALDWIN R E，MARTIN P，OTTAVIANO G I P. Global income divergence，trade，and industrialization：The geography of growth take–offs [J]. Journal of Economic Growth，2001，6 (1)：5–37.

[184] 安虎森，陈明. 工业化，城市化进程与我国城市化推进的路径选择 [J]. 南开经济研究，2005 (1)：48–54.

[185] BERLIANT M，FUJITA M. Knowledge creation as a square dance on the Hilbert Cube [J]. International Economic Review，2008，49 (4)：1251–1295.

[186] FUJITA M. Towards the new economic geography in the brain power society [J]. Regional Science and Urban Economics，2007，37 (4)：482–490.

[187] ANSELIN L. Thirty years of spatial econometrics [J]. Papers in regional science，2010，89 (1)：3–26.

[188] 古恒宇，揭阳扬. 西方空间计量经济学研究进展 [J]. 地理与地理信息科学，2023，39 (6)：106–114.

[189] KLAASSEN L H，PAELINCK J H P. The future of large towns [J]. Environment and Planning A，1979，11（10）：1095-1104.

[190] DRUKKER D M，PRUCHA I R，RACIBORSKI R. Maximum likelihood and generalized spatial two-stage least-squares estimators for a spatial-autoregressive model with spatial-autoregressive disturbances [J]. The Stata Journal，2013，13（2）：221-241.

[191] ANSELIN L. Spatial econometrics：methods and models [M]. Springer Science & Business Media，2013.

[192] ISARD W. Location and Space-Economy[M]. Cambridge：MIT Press，1956.

[193] ANSELIN L. Spatial regression [J]. The SAGE handbook of spatial analysis，2009，1：255-276.

[194] ELHORST J P. Spatial panel data models [J]. Spatial econometrics：From cross-sectional data to spatial panels，2014：37-93.

[195] LESAGE J，PACE R K. Introduction to spatial econometrics [M]. Chapman and Hall/CRC，2009.

[196] 范巧，郭爱君. 一种嵌入空间计量分析的全要素生产率核算改进方法 [J]. 数量经济技术经济研究，2019，36（8）：165-181.

[197] MARROCU E，PACI R. Different tourists to different destinations. Evidence from spatial interaction models [J]. Tourism management，2013，39：71-83.

[198] HU X，WALLER L A，LYAPUSTIN A，et al. 10-year spatial and temporal trends of PM 2.5 concentrations in the southeastern US estimated using high-resolution satellite data [J]. Atmospheric chemistry and physics，2014，14（12）：6301-6314.

[199] XU X，LEE L. Maximum likelihood estimation of a spatial autoregressive Tobit model [J]. Journal of Econometrics，2015，188（1）：264-280.

[200] ARBIA G，ARBIA G. Spatial linear regression models [J]. A Primer for Spatial Econometrics：With Applications in R，2014：51-98.

[201] YU Y，et al. A study on China's energy consumption by bayesian spatial econometric model [J]. Energy Procedia. 2012，16（B）：1332-1340.

[202] KATO T. A comparison of spatial error models through Monte Carlo experiments [J]. Economic Modeling. 2013，30：743-753.

[203] TAKAGI D，et al. Neighborhood social capital and crime victimization：comparison of spatial regression analysis and hierarchical regression analysis [J]. Social Science & Medicine. 2012，75（10）：1895-1902

[204] FINGLETON B，PALOMBI S. Spatial panel data estimation，counter factual predictions，and local economic resilience among british towns in the Victorian era [J]. Regional Science and Urban Economics. 2013，43（4）：649-660.

[205] BHATTACHARJEE A，JENSEN-BUTLER C. Estimation of the spatial weights matrix under structural constraints [J]. Regional Science and Urban Economics. 2013，43（4）：617-634.

[206] QU X，LEE L. Estimating a spatial autoregressive model with an endogenous spatial weight matrix [J]. Journal of Econometrics. 2015，184（2）：209-232.

[207] LEE L，et al. Specification and estimation of social interaction models with network structures [J]. The Econometrics Journal. 2010，13（2）：145-176.

[208] CASSETTE A，et al. Strategic fiscal interaction across borders：evidence from french and german local governments along the Rhine valley [J]. Journal of Urban Economics. 2012，72（1）：17-30.

[209] FINGLETON B，PALOMBI S. Spatial panel data estimation，counter factual predictions，and local economic resilience among british towns in the Victorian era [J]. Regional Science and Urban Economics. 2013，43（4）：649-660.

[210] SHOESMITH G L. Space-time autoregressive models and forecasting national，regional and state crime rates [J]. International Journal of Forecasting. 2013，29（1）：191-201.

[211] 汪克亮，赵斌，许如玉.创新要素流动对能源效率的影响 [J].统计研究，2023，40（4）：88-97.

[212] 吴延兵. R&D存量、知识函数与生产效率 [J]. 经济学（季刊），2006，5（3）：1129-1156.

[213] 徐庆富，康旭东，杨中楷，等.基于专利权转让的我国省际技术转移特征研究 [J]. 情报杂志，2017，36（7）：66-72.

[214] GEORGE G，ZAHRA S A，WOOD D R. The effects of business-university alliances on innovative output and financial performance：a study of publicly traded biotechnology companies [J]. Journal of business Venturing，2002，17（6）：577-609.

[215] ELHORST J P. Spatial econometrics: from cross-sectional data to spatial panels [M]. Heidel-berg: Springer, 2014.

[216] 余泳泽, 刘大勇. 我国区域创新效率的空间外溢效应与价值链外溢效应——创新价值链视角下的多维空间面板模型研究 [J]. 管理世界, 2013, 238 (7): 6-20, 70, 187.

[215] ELHORST J P. Spatial econometrics: from cross-sectional data to spatial panels[M]. Heidel-
berg: Springer, 2014.

[216] 史波, 王铮. 时空计量经济学模型 及其在区域经济中 应用的研究进展——兼论我国时空,
经济学发展 的几点建议[J]. 时空经济, 2015, 218 (2): 9-20, 70, 181.

后　记

　　春去冬来，时光荏苒。一路走来，道阻且长，回首往事，感慨万千，一点一滴都历历在目，这本书的完成离不开一路上关心、支持和帮助过我的人，在此由衷地向他们致以最诚挚的感谢！

　　首先要感谢我的恩师李秀敏教授。学术生涯缘起于李教授，入学之初她给予了我成为她学生的机会，把我引入了真正意义上的经济学学术殿堂，并日常给予我学术上的耐心指导。从课程方向的选择到科研能力的锻炼，从论文的阅读方法到文献综述的写作，都离不开李教授的谆谆教诲。本书的撰写，从题目的确定、理论模型和实证方法的选择、初稿的撰写到后来无数次的打磨和修改，都注入了李教授大量的心血和精力，李教授总是以严谨的态度、深邃的眼光、宏大的格局不厌其烦地对本书框架与文字细节提出许多有益的改善建议。此外，她还对我的生活嘘寒问暖，对做人做事的方法和态度言传身教。在研究生生涯中，能遇到这么好的导师是我一生的荣幸，在此由衷感谢李教授给予我的恩泽。

　　其次，我要衷心感谢广东工业大学经济学院的各位良师益友。他们不仅拥有渊博的知识和丰富的授课内容，更夯实了我的经济学专业基础，拓宽了我的研究视野。特别感谢王如玉老师、左晖老师、皮亚彬老师、张少华老师，他们的教诲与写作建议对我的提升有着重要的影响。同时，也要感谢一路上给予我帮助和鼓励的同学和朋友。特别感谢郭梓栓、周子灼、麦弘勋，在我遇到统计问题时给予我无私帮助；感谢刘晨露、陈铭茵、刘畅、陈曦，在我写作遇到瓶颈时与我共同探讨；感谢黄锐权、陈琦越、邱梓杰提供的良好宿舍环境，让我能够专心学习。他们的支持和帮助使我能够更好地成长和进步。

最后要感谢我的父母。感谢父母的罔极之恩，正是他们一直以来在我身后的默默支持与守护，才使我没有后顾之忧地顺利完成求学之路，也正是他们的养育之恩让我更加懂得生活的意义、人生的真谛。人生路漫漫，我将时常怀有感恩之心，去做有意义的事情，把这份正能量传递下去！